AF357096

MEMOIRES

CONCERNANT L'EXECUTION

DU

CONCORDAT

GERMANIQUE.

MEMOIRE
SIGNIFIÉ,

POUR George-Albert-François de la Verdure de Gaverelle, ancien Chanoine nommé Prevôt de l'Eglise Métropolitaine de Cambray, par Election du Chapitre de cette Eglise du 28 Janvier 1744. Opposant à l'enregistrement des Bulles obtenues par le Sieur Filzmaurice le 6 Mars 1744. & Appellant comme d'abus de l'exécution desdites Bulles, & de celles précédemment obtenues par quelques Prevôts des l'Eglise de Cambray.

CONTRE *le Sieur Robert Filzmaurice, Chanoine de ladite Eglise Métropolitaine, pourvû de la Prevôté de ladite Eglise, par lesdites Bulles du 6 Mars 1744. Demandeur en enregistrement desdites Bulles, & Défendeur à l'appel comme d'abus.*

EN *présence des Chanoines & Chapitre de ladite Eglise Métropolitaine, Intervenans, Adhérans à l'appel comme d'abus.*

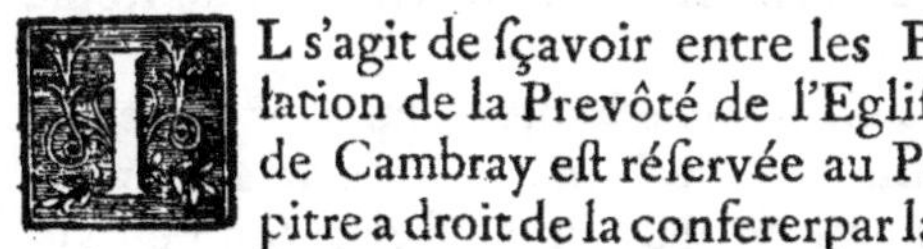IL s'agit de sçavoir entre les Parties, si la Collation de la Prevôté de l'Eglise Métropolitaine de Cambray est réservée au Pape, ou si le Chapitre a droit de la confererpar la voye d'Election. La nature de la matiere de cette contestation exige un

A

examen détaillé , tant des termes des Concordats Germaniques , que des graces expectatives, des Mandats Apoftoliques , & de toutes les réferves reftraintes par les Conciles de Conftance & de Bafle , qui donnerent lieu aux Concordats des Nations ; de l'Alternative , de l'ufage des Regles de Chancellerie , du droit des Ordinaires , de la doctrine d'un grand nombre de Docteurs refpectivement cités par les Parties , de quelques préjugés , de l'ufage des Eglifes d'Allemagne & des Pays-Bas, des Indults accordez au Roy , de l'ufage particulier de l'Eglife de Cambray , & d'une multitude de titres & d'actes poffeffoires tirés de fes Archives. Sur tout cela on s'eft renfermé ici dans les bornes les plus étroites.

F A I T.

La Prevôté de l'Eglife de Cambray ayant vaqué par le décès de M. de Bellebat le 9 Janvier 1744. le Chapitre proceda , fuivant fon ancien ufage , à l'élection d'un Prevôt le 28 du même mois , & élut le fieur de la Verdure.

Le fieur Filzmaurice fe fit pourvoir en Cour de Rome de cette Dignité le 6 Mars fuivant , & obtint des Lettres d'attache fur fa Bulle , qu'il préfenta au Parlement de Flandres pour obtenir l'enregiftrement.

Le fieur de la Verdure forma oppofition à l'enregiftrement, & fe rendit Appellant comme d'abus , tant de l'exécution de la Bulle obtenue par le fieur Filzmaurice le 6 Mars , que de toutes les Bulles obtenues en Cour de Rome depuis l'année 1659.

Le Chapitre de Cambray eft intervenu dans cette Inftance pour foutenir fon élection , & a adheré à l'oppofition & à l'appel comme d'abus interjetté par fon Pourvû.

L'Inftance ayant été évoquée au Confeil d'Etat , les

Etats de Cambray & du Cambraisis ont fait de très-humbles representations à Sa Majesté pour soutenir les droits de l'Eglise de Cambray , & l'exécution du Concordat Germanique , qui est leur Loi Nationale.

Cette contestation présente deux Questions. La premiere, est de sçavoir, si le Chapitre & son Pourvû sont recevables à s'opposer à l'enregistrement des Bulles obtenues par le sieur Filzmaurice.

Cette premiere Question mérite à peine une legere attention.

La seconde est plus importante. Il s'agit de sçavoir, si les premieres Dignités après la Pontificale dans les Cathedrales , & les Principales dans les Collegiales, sont réservées au S. Siege par le Concordat Germanique , ou abandonnées aux Ordinaires pour les conferer en tous mois.

PREMIERE QUESTION.

Le Sieur de la Verdure & le Chapitre sont-ils recevables dans leur opposition à l'enregistrement des Bulles obtenues par le Sieur Filzmaurice?

On a prétendu tirer une fin de non-recevoir de ce que la contravention au droit public & l'incapacité du Pourvû, qui sont les seuls moyens d'opposition , ne donnent point ouverture à l'action d'un Particulier. Ces moyens , a-t-on dit, sont de droit public , & l'opposition ne peut être régulierement formée que par la partie publique.

Le sieur de la Verdure étoit en possession avant l'expedition des Bulles du sieur Filzmaurice , & l'usage du Parlement de Flandres a toujours été de recevoir en cet état l'opposition du Pourvû par l'Ordinaire, à l'enregistrement.

A ij

Cet ufage eft attefté par un Arrêt du 25 Octobre 1695,
rendu fur l'oppofition à l'enregiftrement, formée par l'Archevêque de Cambray, par le Chapitre & fon Pourvû,
qui déboute Ninon de la Forets de l'enregiftrement de fes
Bulles.

Mais, dit-on, le cas de cet Arrêt differe de celui dont
il s'agit : il y étoit queftion d'une Prebende vacante dans
l'un des mois réfervés au Saint Siege par le Concordat,
& que le Pape avoit conferé fous un faux titre, qui eft la
réferve *ad bene placitum*, qui altere & détruit entierement
le Concordat: dans le cas préfent, ajoute le fieur Filzmaurice, il s'agit d'une Dignité conferée par le Pape, fur
le fondement de ce même Concordat; *Loi publique du
Cambrefis, Loi inaltérable, Loi qui forme fon titre, & dont
il ne s'agit que de l'interpretation.* Ce font fes termes.

Ce n'eft que fur la fuppofition que les Bulles du fieur
Filzmaurice font conformes au Concordat, qu'eft fondée
la fin de non-recevoir ; mais c'eft-là la queftion du fond.

Cette prétendue fin de non-recevoir eft d'autant plus
frivole, que dans l'efpece de l'Arrêt cité ci-deffus, l'oppofition à l'enregiftrement ne fut reçue avec fuccès, de
l'aveu du fieur Filzmaurice, que parce que le Pape avoit
conferé la Prebende dont il s'agiffoit, en vertu d'une réferve contraire à la Loi du Concordat, & par contravention à cette Loi; ce qui eft précifément notre efpece,
puifque les Bulles dont il s'agit, donnent atteinte à la Loi
du Concordat, en fuppofant une réferve en faveur de la
Cour de Rome, qui n'a jamais exifté. En un mot, les Bulles du fieur Filzmaurice alterent & détruifent entierement
le Concordat, ainfi que le faifoient celles de Ninon de la
Forets, comme on l'établira bientôt. L'oppofition du
fieur de la Verdure eft donc dans la même efpece que
celle qui fut reçue avec fuccès par l'Arrêt du 25 Octobre
1695.

SECONDE QUESTION.

Les premieres Dignités après la Pontificale dans les Cathédrales, & les Principales dans les Collegiales, font-elles réfervées au Saint Siege, ou font-elles abandonnées aux Ordinaires pour les conferer en tous mois, par le Concordat Germanique ?

Si l'on en croit le fieur Filzmaurice, le regne des Antipapes, à la fuite duquel furent faits les Concordats Germaniques, fufpendi tl'exécution des droits du Pape: » Les » foudres du Vatican, dit-il, dans l'incertitude des mains » dans lefquelles elles étoient dépofées, perdirent leur » force. Les Regles de Chancellerie s'anéantirent, & les » Ordinaires entreprirent de difpofer des Benefices, quoi » que d'ailleurs réfervés au Saint Siege.

Il ajoute tout de fuite, » que la paix ayant été rendue à » l'Eglife, le Pape Eugene IV. envoya fes Legats à l'Em » pereur, pour fatisfaire aux plaintes des Ordinaires tou » chant les differentes réferves des Eglifes & des Benefi » ces Ecclefiaftiques, & que le Pape Nicolas V. fit en » confequence la Conftitution qui porte le nom de Con » cordat Germanique, *& qui forme,* dit-il, *une Loi inal » térable entre le Saint Siege & l'Allemagne.*

Les Graces expectatives, les Mandats Apoftoliques; fouvent accompagnés de decrets irritans, de cenfures ou de lettres exécutoriales, & les réferves, étoient le droit commun, fuivant le fieur Filzmaurice, & le Concordat ne fut fait que pour arrêter le cours des entreprifes des Or dinaires fur des droits legitimes, puifque la difpofition des Benefices appartenoit au S. Siege de droit commun.

C'eſt ſur ce principe que le ſieur Filzmaurice explique le Concordat Germanique. *Les premieres Dignités après les Pontificales dans les Cathédrales , & les Principales dans les Collegiales , ſont reſtées , dit-il , réſervées comme elles l'étoient auparavant , par la troiſiéme Regle de Chancellerie ; les avantages que les Ordinaeies tiroient du Concordat , les préventions , les graces expeſtatives , & les Mandats Apoſtoliques , qu'il aboliſſoit , les engagerent à y ſouſcrire.*

Tel eſt en peu de mots le ſyſtême du ſieur Filzmaurice. » La troiſiéme Regle de Chancellerie a lieu à Cam- » bray & dans le Cambreſis. Le Concordat Germanique » confirme la réſerve des premieres Dignités , contenues » dans cette Regle. La Regle confirmée & la Loi confir- » mative donnent au Saint Siege le droit de conferer les » Dignités. »

Comme le ſieur Filzmaurice ne peut ſe diſſimuler que ſes Bulles ſont les premieres accordées par le Pape en vertu du Concordat , & que la Cour de Rome n'a que quatre collations de la Prevôté de l'Egliſe de Cambray , également abuſives , parce qu'elles ont été accordées en vertu de la troiſiéme Regle de Chancellerie qui eſt in- compatible avec le Concordat , il ſuppoſe que le Concordat confirme la troiſiéme Regle de Chancellerie , pour faire concourir ce double droit en faveur du Pape. C'eſt ſur cette ſuppoſition qu'il dit , que le titre du Pape n'eſt point changé dans la collation faite à ſon profit , parce que le Concordat , de même que la troiſiéme Regle de Chancellerie , attribue au Saint Siege le droit de conferer les Dignités , que le Concordat & la Regle de Chancellerie forment une même Loi.

Ce ſyſtême n'eſt fondé que ſur des erreurs palpables.

Ecartons d'abord de ce ſyſtême l'uſage de la troiſiéme

Regle de Chancellerie, après quoi, pour le détruire entierement, il ne restera que deux questions à examiner.
L'une de droit, & l'autre de fait. Le Concordat Germanique contient-il la réserve des premieres Dignités ? La
Cour de Rome a-t-elle acquis ce droit par la voye de la
prescription ?

Il est vrai que la réserve des premieres Dignités se trouve dans la troisiéme, à présent la quatriéme Regle de
Chancellerie, en ces termes : *Item reservavit generali om-*
nes Dignitates majores post Pontificales in Cathedralibus in
Metropolitanis, ac Principales in Collegiatis Ecclesiis, valo-
rem decem florenorum aurei communi æstimatione excedentes,
&c. Mais cette Regle n'a été introduite par la Cour de
Rome que fort long-tems après le Concordat Germanique. Comment cette Regle auroit-elle donc pu être confirmée par le Concordat ?

La troisiéme Regle de Chancellerie est-elle confirmée par le Concordat ?

L'on ne connoissoit alors d'autre réserve, que la réserve de la vacance *in Curia* & celles comprises dans les
Extravagantes *execrabilis* & *ad regimen*, & la Cour de Rome n'avoit avec ces réserves, très-differentes dans leur
principe, & dans leurs motifs, de celle de la troisiéme
Regle de Chancellerie, d'autres prétentions, que les préventions, les graces expectatives & les mandats Aposto-
liques ; prétentions qui donnerent lieu au Concordat, dont
l'objet fut de les abolir en faveur du droit commun. La
réserve de la vacance *in Curia*, & les réserves portées par
les Extravagantes *execrabilis* & *ad regimen*, furent conser-
vées par le Concordat avec quelques modifications.

En tout cela l'on ne voit aucune trace de la réserve
générale des premieres Dignités : cette réserve n'existoit
point. Le Chapitre de Cambray a une foule d'élections,
ainsi que tous les autres Chapitres des Eglises d'Allemagne, antérieures au Concordat, *à fundatione.*

Pour entendre le Concordat Germanique, il est neceffaire de connoître toutes les differentes prétentions de la
Cour de Rome qui exciterent les plaintes des Ordinaires
aux Conciles de Conftance & de Basle, & qui donnerent lieu aux Concordats des Nations.

Les préventions, les expectatives & les mandats Apoftoliques donnerent la premiere atteinte à la liberté des
collateurs, c'est-à-dire, au droit commun (a). Les expectatives & les mandats n'étoient dans l'origine que de
fimples recommandations. On employa enfuite dans les
mandats, des decrets irritans, même les cenfures Ecclefiaftiques, & on nomma des Exécuteurs pour mettre les
Expectans en poffeffion.

Les réferves s'introduifirent enfuite par degrés. La premiere de toutes les réferves, c'eft la réferve *in Curia*, qui
fut faite par le Pape Clement IV. Cette réferve paroiffant
trop dure, l'exercice en fut reftraint à un mois dans le vingt-
uniéme canon du Concile tenu à Lyon en 1274. où préfi-
da Gregoire X. Cette réferve étoit renouvellée par cha-
que Pape, & ne fut inferée dans le corps de Droit, que
fous le Pontificat de Boniface VIII. qui la fit inferer dans
le Sexte.

Dumoulin (b) fur la Regle *de Inf.. Refig. n.* 172. ex-
pliquant la maniere dont les Papes ont introduit cette regle, dit qu'ils ont commencé de conferer les Benefices
qui vaquoient par le décès de ceux qui mourroient à la
fuite de la Cour de Rome, par droit de prévention plutôt
que par droit de réferve, & que les Collateurs ordinaires
n'ont toleré les collations de cette nature, que parce qu'ils
les regardoient comme un moyen d'empêcher les longues
vacances, confiderées comme un des grands maux qui
puffent arriver à l'Eglife. Ainfi la vacance des Benefices
de ceux qui mourroient à la fuite de la Cour de Rome,

fut

fut d'abord l'origine des préventions , suivant que l'attefto Dumoulin , *notandum quod præventiones primùm ufurpatæ funt de vacantibus in Curia Romana* ; & le fondement enfuite de la premiere des réferves , fous le nom de la réferve de la vacance *in Curia*.

Quelque tems après furent introduites les réferves comprifes dans les Extravagantes *execrabilis* & *adregimen* , fondées fur les vacances par promotion , pour caufe d'hérefie , par la mort des Cardinaux , des Domeftiques du Pape , & des Officiers de la Cour de Rome , & par la pluralité des Benefices. Ces réferves , quoique moins odieufes que les expectatives & les mandats qui étoient *fpes futuræ fucceffionis* , trouverent également beaucoup de réfiftance dans l'Eglife de France & dans les Eglifes d'Allemagne , & l'ufage qu'on en vouloit faire fouffroit encore de grandes contradictions dans le tems du Concordat Germanique.

» Ces differentes prétentions (dit Frapaolo , *Traité des » Benefices , Traduct. d'Amelot de la Houffaye , dédiée à M. le » Chancelier Tellier , pag. 272.*) trouvoient fur - tout de » grands obftacles dans l'Allemagne , qui refufa de fe fou- » mettre aux réferves & aux expectatives , & les Ordinai- » res conferoient les Benefices fans avoir d'égard aux Bul- » les Romaines , ce qui obligea le Pape Innocent VI. » d'envoyer en 1359. un Legat en Allemagne pour en » donner de nouvelles. »

Ces differentes prétentions & toutes ces réferves abolies , fuivant le témoignage de Frapaolo , *loc. cit.* par la Bulle *Paftoralis* d'Innocent VI. dont plufieurs Canoniftes font mention , rétablies enfuite & depuis fupprimées par Gregoire XII. en 1375. ainfi que l'attefte l'Annotateur de Dubois , *Maximes du Droit Can. Tom. 1. pag. 292.* furent renouvellées pendant le fchifme d'Occident , exciterent les plaintes des Nations , & donnerent lieu au Concordat de

B

Martin V. qui établiſſoit par proviſion un partage des Benefices entre le Pape & les Ordinaires, juſqu'à ce qu'il en eût été autrement ordonné par le futur Concile.

Il eſt important d'obſerver qu'on ne trouve dans ce premier Concordat aucune réſerve des premieres Dignités des Cathédrales & Collegiales, & que la collation en eſt au contraire laiſſée à la libre diſpoſition des Ordinaires ; cela n'eſt point conteſté.

Le Concile de Basle abolit entierement les réſerves, à l'exception de celles qui ſont compriſes dans le corps de droit, & de celles que le Pape pourroit faire dans ſes Etats. Cette abolition des réſerves fut acceptée en France par la Pragmatique Sanction ; il n'en fut pas de même en Allemagne.

Tel étoit l'état des Egliſes d'Allemagne ſur la collation des Benefices, au tems du ſecond Concordat. La Cour de Rome prétendoit exercer les expectatives, les mandats & toutes les réſerves compriſes dans les Extravagantes *execrabilis* & *ad regimen*, & les Ordinaires reclamoient le droit commun, ſuivant lequel la collation de tous les Benefices leur appartient.

C'eſt ſur ces prétentions reſpectives qu'en 1448. peu de tems après le Concile de Basle, Nicolas V. fit avec la Nation Germanique un Concordat àpeu-près ſemblable à celui de Martin V. qui eſt une vraye tranſaction *ſuper lite mota*, qu'on doit regarder comme un contrat ſignalagmatique.

Ce Concordat introduiſit une eſpece de réſerve, juſqu'alors inconnue, pour indemniſer la Cour de Rome de l'abolition des mandats & des graces expectatives, & de la reſtriction apportée aux réſerves compriſes dans les Extravagantes *execrabilis* & *ad regimen*. Cette réſerve eſt la partition des mois, ou la regle *de reſervatione & alternativa*,

qui n'a d'autre fondement que le Concordat, dans le
Eglises régies par le Concordat Germanique. Les premieres Dignités des Cathédrales & Collegiales sont laissées à
la libre disposition des Ordinaires.

Les Papes ont encore établi une autre espece de réserve, fondée sur la qualité des Benefices. Cette réserve
comprend les premieres Dignités des Eglises Cathédrales,
après la Pontificale, & les premieres Dignités des Collegiales, dont le revenu excede la valeur de 10. florins d'or
de la Chambre Apostolique. Cette réserve fut établie par
la troisiéme Regle de Chancellerie, qui est du Pape Innocent VIII. qui gouvernoit l'Eglise vers la fin du quinziéme siecle.

Cette derniere espece de réserve n'a été introduite,
comme on voit, que fort long-tems après le Concordat
Germanique. On n'en trouve pas la moindre trace, ni
dans les Concordats, ni dans les differentes prétentions
de la Cour de Rome, qui exciterent les plaintes des Ordinaires, & donnerent lieu aux Concordats. On avoit bien
une idée des Regles de Chancellerie avant les Concordats, mais les réserves n'en étoient point l'objet. Tout ce
qu'il y avoit alors de Regles de Chancellerie ne concernoit
que la forme des expedi- tions des Lettres de Chancellerie & des Jugemens. *Apparet ergo primitus*, dit Van-Espen, *(a)*
(a) etiam usque ad tempus Nicolai V. qui sedit sub medium
sæculi XV. regulas Cancellariæ unicè, penè respexisse formam
expediendi litteras, & judicia Cancellariæ reddenda, non au-
tem reservationes Beneficiorum.

Il est donc démontré que la réserve générale, établie
par la troisiéme Regle de Chancellerie, n'existoit point
dans le tems du Concordat; elle n'a pu par conséquent
être conservée ni confirmée par la Loy du Concordat.
L'on ne sçauroit concevoir qu'une réserve, alors inconnue, ait pu entrer dans son objet.

(a) Par. 2. tit. 23.
n. 4.

B ij

Il est d'ailleurs évident que la réserve portée par la troifiéme Regle de Chancellerie est contraire à la lettre, à
l'efprit & aux motifs du Concordat. Seroit-il poffible, en
effet, de fuppofer dans une Loy, qui a eu effentiellement
pour objet la révocation d'une foule de prétentions abufi-
ves, en faveur du droit commun, la confirmation d'une
réferve plus abufive & plus contraire encore au droit
commun par fon extenfion générale, que toutes les prétentions exprefſément reftraintes ou révoquées par le Concordat ?

Que le fieur Filtzmaurice renonce donc à l'avantage
qu'il a prétendu tirer de la réferve portée par la troifiéme
Regle de Chancellerie, & qu'il cefſe de vouloir faire concourir en fa faveur cette Regle avec le Concordat. La
Loy du Concordat eft le feul titre dans lequel il lui foit
permis de chercher des fondemens à fa prétention. C'eft
uniquement dans le Concordat qu'il doit trouver la réferve générale des premieres Dignités, après la Pontificale, dans les Cathédrales, & des principales dans les
Collegiales, & non dans des Regles de Chancellerie, qui
n'exiftoient point dans le tems du Concordat, & qui font
abfolument incompatibles avec cette Loy.

La réferve dont il s'agit eft-elle comprife dans le Concordat ? Le fieur Filtzmaurice prétend y trouver cette réferve par une interpretation également contraire à la lettre & à l'efprit de cette Loy, fondée fur des fubtilités &
fur des erreurs de fait & de droit.

Le Concordat Germanique con-tient-il la réferve des premieres Dignités?

L'Election a toujours été regardée comme la voye la
plus legitime & la plus canonique pour parvenir aux Benefices & aux Dignités Ecclefiaftiques. Vouloir douter
que les premieres Dignités, furtout des Cathédrales, ne
foient électives de droit commun, c'eft attaquer les principes, & combattre une propofition certaine, aux termes

13

du §. *item Ecclesiæ*, de la Pragmatique Sanction de Saint Louis de 1268. *Ecclesiæ Cathedrales, & aliæ Regni noſtri liberas Electiones, & eorum effectum effectualiter habeant, &c. ſecundùm ordinationem & determinationem juris communis.* Ce qui eſt conforme à une Decretale d'Innocent III. chap. 31. *extra de Elect.* dont Van-Eſpen, part. 2. chap. 1. n. 16. & 20. appuye ſon ſentiment.

C'eſt ſur ce principe que la prévention n'a pas lieu ſur les Benefices électifs. La raiſon de cette Juriſprudence, dit Choppin, (a) eſt que la voye de la collation par prévention, qui eſt de ſoi odieuſe, & toujours aveugle, ne doit point prévaloir à l'élection pratiquée depuis la naiſſance du Chriſtianiſme, & que l'appel comme d'abus de la Proviſion du Pape doit être reçu, ſur quoi il cite des Arrêts du Parlement de Paris & du Conſeil d'Etat.

(a) *De Sacra polit. lib.* 1. *tit.* 2. *n.* 12.

Louet (b) obſerve que de ſon tems le Pape ne conferoit par prévention que les Benefices *quæ collativa dicuntur, non quæ per electionem conferuntur.* Cet Auteur écrivoit en 1607. Le Droit commun nous a rendu ſi favorable les Elections collatives & le droit des Ordinaires, que c'eſt parmi nous une maxime certaine que la collation de l'Ordinaire, quoique nulle, empêche l'effet des Proviſions obtenues depuis en Cour de Rome, antérieures à la collation legitime du même Benefice. *Collatio Ordinarii, etiam nulla, impedit præventionem.* (c)

(b) Dans ſes notes ſur le Commentaire de Dumoulin ſur la regle *de infirm. reſig. n.* 6.

Cette maxime eſt auſſi atteſtée par Choquier, *in regul.* 8. gloſ. 16. par Gonzales, gloſ. 45. & par Van-Eſpen, part. 1. tit. 13. chap. 2.

(c) Pithou, art. 55. des libert. de l'Eg. Gall.

Les Egliſes d'Allemagne jouiſſoient du droit commun ſur les élections & les collations des Ordinaires, au tems du Condordat, & l'on ne trouve aucune trace de la réſerve générale des premieres Dignités, après la Pontificale, avant le Concordat. L'on ne connoiſſoit encore d'autres prétentions, comme on l'a observé ci-dessus, que les mandats, les graces expectatives, la réserve *in curia*, & les réserves comprises dans les Extravagantes *execrabilis* & *ad regimen*. Ces réserves, ausquelles résistoient les Eglises d'Allemagne, qui étoient le sujet de leurs plaintes, donnerent lieu au Concordat Germanique projetté entre le Pape Eugene IV. l'Empereur Frederic III. & les Princes de la Nation Germanique en 1446. & consommé par Nicolas V. en 1448.

Le Concordat, de l'aveu même du sieur Filzmaurice, termina les contestations das deux Puissances : Quelques réserves furent anéanties, d'autres furent approuvées. Ce Concordat doit être regardé comme une transaction *super lite mota*, faite dans les termes du Droit, *aliquo dato, aliquo retento*, dont toutes les clauses, uniquement bornées à ce qui étoit en contestation, ne peuvent s'étendre ni s'appliquer à des objets étrangers à la contestation, & dont il n'étoit point question.

Toutes les dispositions du Concordat roulent en effet sur les prétentions de la Cour de Rome, élevées jusqu'alors, parmi lesquelles il n'est pas possible de comprendre la réserve générale des premieres Dignités, après la Pontificale, ausquelles les Ordinaires avoient toujours pourvu, & dont il n'a été question que long-tems après le Concordat, en vertu de la troisiéme Regle de Chancellerie, qui est, comme on l'a observé ci-dessus, du Pape Innocent VIII. qui gouvernoit l'Eglise vers la fin du quinziéme siecle. Il ne pouvoit donc être question de regler par cette transaction une contestation qui n'étoit pas née, & de confirmer ou d'anéantir une entreprise qui n'avoit point été formée, & une réserve qui n'existoit point ; car enfin il est incontestable que l'objet du Concordat, soit qu'on s'arrête à ses dispositions, soit qu'on examine les prétentions de la Cour de Rome, qui y donnerent lieu ; & les droits refpectifs des Parties contractantes, fut uniquement d'arrêter le cours des entreprifes de la Cour de Rome fur le Droit commun, & de reftraindre les prétentions déja établies.

Comment eft-il donc poffible de fuppofer dans un contrat de cette nature, une difpofition confirmative en faveur du Pape d'une prétention auffi contraire au Droit commun que celle dont il s'agit, que la Cour de Rome n'avoit jamais formée, une réferve qui n'avoit point encore été mife au jour ? car toutes les difpofitions du Concordat confirment, anéantiffent ou reftraignent des prétentions de la Cour de Rome.

En effet, les droits du Pape fur les Benefices des Eglifes d'Allemagne, font reftraints, en termes exprès, à la réferve du Droit Ecrit, qui eft celle qui eft fondée fur la vacance *in curia*, l'unique réferve qui n'étoit point alors conteftée à la Cour de Rome, & qui fe trouvoit inferée dans le corps du Droit, aux feules réferves comprifes dans les Extravagantes *execrabilis* & *ad regimen*, modifiées par le Concordat, à l'alternative des mois, & aux Annates.

La réferve fondée fur la vacance *in curia*, & celles comprifes dans les Extravagantes *execrabilis* & *ad regimen*, font également étrangeres à la réferve générale des premieres Dignites, qui ne fe trouve comprife ni dans ces réferves, telles qu'elles étoient avant le Concordat, ni telles qu'elles font modifiées & reftraintes dans les termes du Concordat. Se trouve-t'elle introduite par une difpofition du Concordat ?

Il n'en eft fait aucune mention dans les deux premieres parties du Concordat, qui ont les réferves pour objet, & la ttoifiéme partie, qui eft le §. *de cæteris*, n'a d'autre objet que l'établiffement de l'alternative.

Voici les termes de ce §. *De cæteris verò Dignitatibus & Beneficiis quibuscumque, secularibus & regularibus, ultra reservationes prædictas (majoribus Dignitatibus post Pontificales in Cathedralibus & principalibus in Collegiatis, Ecclesiis exceptis, de quibus jure ordinario providetur (a) per illos inferiores ad quos aliàs pertinet) placet etiam nobis quod per quamcumque aliam reservationem, gratiam expectativam aut quamvis aliam dispositionem sub quacumque verborum formula factam vel faciendam, non impediemus nos de illis cum vacabunt de Februarie, Aprilis, Junii, Augusti, Octobris & Decembris mensibus, liberè disponatur per illos ad quos eorum collatio, provisio, præsentatio, electio, seu quævis aliàs dispositio peoinebat reservatione, aliaque quavis dispositione ne autoritate nostra factis, vel faciendis nonobstantibus quibuscumque.*

Il y a trois differentes lectures de ce §. Ces termes (*majoribus Dignitatibus post Pontificales in Cathedralibus, & principalibus in Collegiatis Ecclesiis exceptis*) sont mis en parenthèse dans quelques éditions modernes. Dans les anciennes, la parenthèse n'est fermée qu'après ces mots: *ad quos aliàs pertinet*, & dans le texte il n'y a point du tout de paranthèse. C'est de la parenthèse fermée, après le mot *exceptis*, que le sieur Filzmaurice tire le principal fondement de sa prétention.

Ce §. comme on voit, énonce les premieres Dignités après les Pontificales. Mais est-ce pour les comprendre dans la Regle *de Reservatione mensium & alternativa*, qui est établie par ce §? Toutes les Parties conviennent qu'elles n'y sont énoncées que pour les excepter de cette Regle.

Le sieur Filzmaurice prétend avec le secours de la parenthèse qu'il suppose fermée après le mot *exceptis*, que les premieres Dignités ne sont exceptées de l'alternative, que parce qu'elles sont assujetties à une réserve générale dans tous les mois.

Pour

Pour entendre aïnfi cette exception, il ne fuffit pas de fuppofer dans le §. *de cæteris*, une parenthèfe après le mot *exceptis*; il faut neceffairement prouver l'exiftence de cette réferve générale, ou introduite avant le Concordat, ou établie par le Concordat même dans fes difpofitions précedentes. Autrement de ce que les premieres Dignités font exceptées de l'alternative des mois, il eft impoffible de conclure qu'elles font affujetties à une réferve générale, & que la collation en appartient au Pape dans tous les mois; car il feroit trop abfurde de prétendre que l'exception de l'alternative porte par elle-même cette réferve générale jufqu'alors inconnue, & plus contraire au droit commun, que toutes les prétentions que la Cour de Rome avoit formées, & qui faifoient l'objet du Concordat. Or il n'y a nulle trace de cette réferve, ni avant le Concordat, ni dans les difpofitions du Concordat, qui precedent le §. *de cæteris.*

En peu de mots, les réferves confervées par le Concordat, font, la premiere, la réferve des Benefices vaquans *in curia.* La feconde, celle des Benefices vaquans par dépofition des Pourvus, nullité, caffation ou renonciation. La troifiéme, des Benefices vaquans par la mort des Cardinaux & autres Officiers de la Cour de Rome. La quatriéme, des Benefices vaquans par la mort des Commenceaux du Pape. La cinquiéme des Benefices vaquans par la mort de ceux qui décedent en allant ou en revenant de Rome à deux journées, qui eft la réferve appellée la vacance, *apud Sedem Apoftolicam.* La fixiéme, des Benefices poffedés lors de la promotion aux Benefices. La feptiéme, des Benefices vaquans par incompatibilité. Et dans la feconde partie du Concordat, la réferve fur les Benefices électifs eft reftrainte au cas que l'élection ne foit pas canonique.

C

Il n'eſt fait , comme on voit, dans toutes ces differentes réſerves , nulle mention de la réſerve générale des premieres Dignités dans tous les mois. La réſerve uuique ſur les Benefices électifs, reſtrainte au ſeul cas où l'élection ne ſeroit pas canonique , eſt même une excluſion abſolue de toute autre réſerve ſur cette eſpece de Benefices.

C'eſt cependant immediatement à la ſuite de toutes ces réſerves, que commence le §. *de cæteris* en ces termes ; » Et » de toutes les autres Dignités & Benefices quelconques , » ſeculiers & reguliers qui viendront à vaquer hors les » ſuſdites réſerves, excepté les premieres Dignités , *&c.* » deſquelles il eſt pourvu de droit ordinaire par les Infé- » rieurs auſquels il appartient ; il nous plaît, *&c.* Le reſte du §. établit l'alternative, & proſcrit les graces expecta- tives & toutes autres réſerves.

N'eſt-il pas tout ſimple que la réſerve générale des premieres Dignités ne ſe trouvant ni dans le Concordat , ni dans les prétentions de la Cour de Rome , antérieures au Concordat , & le droit commun étant encore alors entier dans cette partie , la parentheſe , ſi l'on veut en ſuppoſer une dans le §. *de cæteris ,* dont le ſens n'a pas beſoin , ſoit placée après le mot *pertinet ,* & de regarder comme certaine, l'intention des Parties contractantes dans le Concordat , d'excepter de la regle *de reſervatione menſium & alternativa ,* établie par ce §. les premieres Dignités , ſans donner atteinte au droit commun qui en avoit diſpoſé juſqu'à ce moment ?

La parentheſe , ſuppoſée placée après le mot *exceptis ;* ne ſçauroit même ſuffire pour admettre dans le Concordat , une réſerve que ce §. dans le ſens que veut l'entendre le ſieur Filzmaurice , n'établiroit point , mais ſuppoſeroit neceſſairement établie par une diſpoſition expreſſe , anté- rieure , pendant qu'il n'y en a point , & qu'on ne trouve même nulle trace de cette réserve parmi les prétentions de Cour de Rome qui donnerent lieu au Concordat. Il eſt manifeſte que le ſens qu'on veut donner au §. *de cæteris*, avec le ſecours de cette parentheſe, contrarie parfaitement l'intention des Parties contractantes, l'eſprit & l'objet du Concordat.

Le ſieur Filzmaurice prétend tirer une preuve que le Concordat renferme la réserve générale des premieres Dignités, de ce qu'il n'en eſt point fait mention dans la partie du Concordat où les Ordinaires ſont maintenus dans leurs droits à l'égard des Evêchés, Archevêchés, *&c*. Si le Pape avoit voulu', dit-il, laiſſer aux Ordinaires l'élection des premieres Dignités après la Pontificale, *&c*. c'étoit le lieu d'en faire mention ; pourquoi donc n'en parle-t-on pas, ſinon à cauſe que le Pape ſe réſervoit le droit d'y nommer ?

Quel argument ! C'eſt ce ſilence même ſur une réserve qui n'avoit jamais exiſté, & qui par cette ſeule raiſon auroit exigé une convention expreſſe, qui eſt une preuve victorieuſe qu'il n'en fut point queſtion dans le Concordat. Cette partie du droit commun n'étant jamais entrée en conteſtation entre les Parties, pouvoit-elle faire la matiere d'aucune diſpoſition dans la tranſaction? La Cour de Rome n'ayant point encore formé de prétention à cet égard, cette partie du droit commun n'ayant point été altérée, il ne pouvoit être queſtion ni de confirmer cette réserve, ni de la reſtraindre, ni de l'anéantir, & de rétablir les Ordinaires dans le droit commun dans lequel ils n'avoient point été troublés. C'eſt-là la vraie raiſon du ſilence du Concordat dans la ſeconde Partie, comme celle de l'énonciation faite dans le §. *de cæteris*, eſt, en aſſujettiſſant tous les Benefices à l'alternative, d'excepter de cette réserve les premieres Dignités ſur leſquelles les prétentions du Pape n'avoient point encore donné d'atteinte au droit commun.

Ces principes ainfi établis , l'illufion du fyftême du fieur Filzmaurice eft palpable.

Dans le §. du Concordat *Etiam placet nobis ,* qui regle & qui accorde , dit-il , aux Ordinaires le droit d'élection des Archevêchés , des Evêchés & des Monafteres , le Pape n'y a point compris les premieresDignités.Il n'a donc pas voulu leur en laiffer l'élection; les premieres Dignités font exceptées dans le §.*de cæteris,*de l'alternative des mois accordée pour les Dignités inférieures & les autres Benefices Séculiers & Réguliers , l'on ne fçauroit par confequent les comprendre dans cette cathégorie. Ces Dignités n'é-tant point comprifes dans la dérogation aux Regles de Chancellerie concernant les réferves de la généralité de ces Dignités , & ne tombant point dans l'alternative des mois , on conclut que la collation en a été confervée au Saint Siege.

Par ce Concordat , continue le fieur Filzmaurice , on a reglé trois chofes , par forme de partage , concernant ces Dignités réfervées au Pape : par la premiere, le Pape aban-donne aux Ordinaires le droit d'élection en tous mois par rapport aux Archevêchés , aux Evêchés & aux Monafteres. Par la feconde , les Ordinaires reconnoiffent le droit que le Pape a de conferer auffi en tous mois les premieres Di-gnirés après la Pontificale ; & par la troifiéme , on partage la collation des autres Dignités & des autres Benefices à tour de mois. C'eft ainfi que le fieur Filzmaurice explique le Concordat.

On convient qu'il n'eft point fait mention des premie-res Dignités après la Pontificale dans le §. *Etiam placet no-bis.* Mais pour en conclure que le Pape n'a pas voulu en laiffer l'élection aux Ordinaires , il faut fuppofer que les

Ordinaires ne l'avoient pas, & que le droit de collation
en appartenoit au Pape ; pendant qu'il est incontestable
que cette réserve générale étoit inconnue alors ; que la
Cour de Rome n'avoit jamais formé cette entreprise , &
que cette partie du droit commun n'avoit point encore
reçu d'autre atteinte, que celle que lui avoient donnée les
graces expectatives , les mandats & les réserves comprises dans les Extravagantes *execrabilis* & *ad regimen* , qui
n'ont rien de commun avec la réserve générale dont il
s'agit.

On convient encore que les premieres Dignités après
la Pontificale sont exceptées de l'alternative des mois établie par le §. *de cæteris*. Mais il est absurde d'en conclure
que la callation en a été conservée au Saint Siege , parce
que la Cour de Rome ne l'avoit jamais prétendue. C'est
une erreur manifeste que de regarder le Concordat comme
une dérogation aux Regles de Chancellerie , & d'avancer
que les premieres Dignités après la Pontificale ne sont
point comprises dans cette dérogation, pour en conclure
qu'elles sont restées soumises aux Regles de Chancellerie.

Il n'étoit point question des Regles de Chancellerie
quant aux réserves avant le Concordat Germanique , on
l'a démontré ci-dessus ; par conséquent le Concordat ne
peut être regardé comme une dérogation à des réserves
qui n'existoient point. Il ne s'agissoit alors que de la réserve *in curia* , des graces expectatives , des mandats & des
réserves mentionnées dans les Extravagantes *execrabilis*
& *ad regimen*. Il n'étoit question que de restraindre une
partie de ces differentes prétentions , & d'anéantir l'autre
pour se rapprocher du droit commun, auquel ces prétentions donnoient atteinte , & non de déroger à des regles
legitimement établies. Comment seroit-il donc possible
à plus forte raison de supposer dans le Concordat, la ne-
cessité de déroger à une regle qui eût établi la réserve gé-

nérale des premieres Dignités après la Pontificale , pour en conferver la collation aux Ordinaires , à qui elle appartenoit de droit commun , qui n'exiſtoit point , à un droit qui n'étoit pas même au rang des prétentions conteſtées par la Cour de Rome , & qui pour être en ce cas confervé au Pape , auroit exigé une réſerve expreſſe , parce qu'il auroit fallu introduire un droit nouveau , tel que l'alternative des mois , par une dérogation expreſſe au droit commun ; ce qui ne ſe trouve point dans le Concordat ? On y trouve au contraire une exception expreſſe des premieres Dignités dans l'établiſſement du droit nouveau de l'alternative des mois ; & par cette exception , les premieres Dignités après la Pontificale , ſont laiſſées dans les termes du droit commun dont elles n'avoient point été tirées par les diſpoſitions précedentes du Concordat , ni par la prétention d'une réſerve générale de la part de la Cour de Rome , antérieure au Concordat.

C'eſt encore une erreur ſenſible , que de ſoutenir que dans la premiere partie des conteſtations reglées par le Concordat , le Pape abandonne aux Ordinaires le droit d'élection en tous mois, par rapport aux Archevêchés , *&c.* Que dans la feconde, les Ordinaires reconnoiſſent le droit que le Pape a de conferer auſſi en tous mois les premieres Dignités après la Pontificale.

1°. On ſuppoſe ſans fondement que le Pape abandonne un droit. Il eſt conſtant qu'il ſe déſiſte ſimplement d'une prétention contraire au droit commun. Il n'a pu abandonner un droit qu'il n'avoit pas.

2°. On ne lit point dans aucune partie du Concordat cette prétendue reconnoiſſance de la part des Ordinaires, du droit du Pape , de conferer en tous mois les premieres Dignités après la Pontificale ; il n'y eſt fait nulle mention de cette réſerve , parce qu'elle étoit inconnue. Comment peut-on prétendre que les Ordinaires ayent reconnu un droit qui n'exiſtoit point , ſur lequel la Cour de Rome n'avoit même formé encore aucune entrepriſe? Et peut-on induire en cet état, une reconnoiſſance de ce droit , du ſeul ſilence du Concordat à cet égard ?

Le partage des mois, qui eſt , dit-on, la troiſiéme choſe reglée par le Concordat , exigea une diſpoſition expreſſe, parce que c'étoit un droit nouveau admis par forme d'indemnité de l'abolition des mandats , des graces expectatives & de la reſtriction des réſerves compriſes dans les Extravagantes *execrabilis* & *ad regimen*. La réſerve générale des premieres Dignités n'auroit-elle pas été un droit auſſi nouveau, & encore plus exhorbitant & plus contraire au droit commun ? comment eſt-il poſſible de l'induire du ſilence dans le Concordat , & de l'y admettre par un argument ſi frivole , ſans une diſpoſition expreſſe ?

Voici encore un raiſonnement du ſieur Filzmaurice auſſi frivole , auſſi facile à détruire.

L'exception , dit-il, des premieres Dignités après la Pontificale contenue dans le §. *de cæteris* , renferme deux diſpoſitions : elle excepte premierement ces Dignités de l'alternative des mois. Elle confirme en ſecond lieu le droit que le Pape avoit de les conferer ; c'eſt une conſéquence neceſſaire de la non-expreſſion de ces Dignités dans la diſpoſition du Concordat , concernant celles dont le Pape permet l'élection , nonobſtant la Regle de Chancellerie qui les lui réſervoit, & de l'exception qu'il en fait pour empêcher que ſous les termes généraux *de cæteris verò Dignitatibus & Beneficiis quibuſcumque* , ces Benefices ne tombent dans l'alternative des mois , & que ſa réſerve & la Regle de Chancellerie qui la contenoit , n'ayent été alterées.

La premiere diſpoſition de l'exception n'eſt pas équivoque. Mais où le ſieur Filzmaurice prend-il la ſeconde ? où le sieur Filzmaurice trouve-t'il que cette exception con-firme une réserve, un droit qui n'existoit point avant le Concordat, & qui n'est acquis au Pape par aucune des dispositions du Concordat, précedentes au §. *de cæteris ?* Où prend-il encore que par le §. *etiam placet nobis*, il ait été dérogé à la troisiéme Regle de Chancellerie par rapport aux Archevêchés, Evêchés & Monasteres, que la même Regle de Chancellerie qui contient la réserve des premieres Dignités après la Pontificale, est conservée par l'exception portée par le §. *de cæteris*, & que les Dignités ne sont exceptées dans ce §. que pour empêcher que la troisiéme Regle de Chancellerie ne fût alterée par l'alternative des mois établie pour tous les autres Benefices ?

Tout ce systême est élevé sur un fondement ruineux. Le sieur Filzmaurice suppose toujours l'existence de la réserve établie par la troisiéme Regle de Chancellerie. On a démontré ci-dessus que cette Regle ne fut établie que long-tems après le Concordat, & que lors du Concordat, l'on ne connoissoit point encore parmi les prétentions de la Cour de Rome, la réserve des premieres Dignités après la Pontificale, qui avoient toujours été régies à cet égard par le droit commun ; ce qui sera parfaitement prouvé par rapport à l'Eglise de Cambray *à fundatione*, jusqu'au moment qu'elle accepta le Concordat.

Les Ordinaires par eux-mêmes n'ont pas, dit le sieur Filzmaurice, le droit de ces élections; il appartient au Pape, & ceux qui ont ce droit, ne le tiennent que du Saint Siege. Il établit ce paradoxe sur le sentiment de Fagnan *ad capit. nullus de Elect.* où cet Auteur blâme Fevret, de ce qu'il a dit *viam electivam in capitulis ordinatam fuisse de jure divino.* Fagnan soutient au contraire que ce droit appartient au Pape. *Imò enim hoc jus derivatum est in capitula, non ex necessitate, sed ex mera indulgentia & humilitate*
Romanorum

Romanorum Pontificum. De ce faux principe le fieur **Filz-**maurice conclud que le Pape n'ayant pas expreffément abandonné aux Ordinaires la collation des premieres Dignités par le Concordat, la réferve de ces Benefices s'y trouve naturellement, & le Pape eft refté dans fon droit.

Ce fyftême, qui ne fe trouve que dans quelques Auteurs Ultramontains, & dans les Auteurs obfcurs cités par le fieur Filzmaurice, qui ont outré les maximes ultramontaines, n'a du crédit que dans les Pays d'obedience. Ces Auteurs ont cru, à l'exemple des Interpretes du Droit Civil, qui regardent, avec raifon, le Souverain comme la fource de toute Juftice, (*a*) que la Jurifdiction Ecclefiaftique dépend de même abfolument du Pape, qui la communique aux Evêques & aux Prelats inférieurs. C'eft fur ce faux principe qu'ils ont cru pouvoir fuppofer un fondement legitime aux graces expectatives, aux mandats, aux concours, aux préventions, & à toutes les réferves qui font » dit d'Hericourt ch. XI. toutes inventions incon-» nues pendant les douze premiers fiecles de l'Eglife, ima-» ginées les unes après les autres, pour dépouiller les Col-» lateurs ordinaires de la meilleure partie de leurs droits, » par rapport à la difpofition de leurs Benefices. »

L'Eglife de France n'a jamais adopté ce principe. On y a toujours conftamment rejetté les mandats & les réferves, que Patru, Plaidoyé 4, appelle *les fleaux de l'ancienne difcipline.* On n'y a reçu que le droit de prévention dans les formes déterminées par l'ufage du Royaume, & par la Jurifprudence des Arrêts. *Certum eft,* dit Dumoulin (*b*) *favorabilem effe Ordinariorum pateftatem : odiofas autem & extraordinarias Romanæ Curiæ Præventiones ;* & l'article 55. des Libertés de l'Eglife Gallicane porte, *que c'eft par fouffrance que le Pape ufe de la prévention.* En un mot le droit

D

(*n*) *In eo, tanquam principe fummo, omnes thefauri dignitatum reconditi funt, & ab eo velut à fonte omnes jurifdictiones procedunt.* Dumoulin *in verb. Fiefs,* §. 1. *n.* 49.

(*b*) *De Infirm. Refig.* §. 101

des Ordinaires eſt celui que nos Roys ont toujours protegé comme le droit commun, ainſi que l'atteſte M. de Marca, (a) *Cum ergo collationes Beneficiorum imò & Epiſcopatuum .. ad ſe traherent Romani Pontifices reſcindentes ſi quid contra eorum reſcripta ageretur, additis excommunicationibus in contumaces .... quare ad remedium extraordinarium confugerunt, ſcilicet ad tuitionis Regiæ præſidium, pietate Regis Ludovici IX. interpellata qui his morbis Edicto ſuo conſuluit.*

(a) *Conc. Sacerd. & Imp. Lib. IV. C. IX.*

Telles ſont donc nos maximes. Nous reſpectons le Pape comme le premier des Evêques & le Chef de l'Egliſe; mais nous ne penſons pas qu'il ſoit la ſource de toute Juriſdiction, & qu'il la communique aux autres Evêques. Nous tenons au contraire que les Evêques reçoivent immediatement de Jeſus-Chriſt, l'autorité neceſſaire pour le gouvernement de leurs Diocèſes. *Bene quidam inveni,* dit Dumoulin (b) *in antiquorum etiam Pontificum ſcriptis, Epiſcopos vocari ſummos Sacerdotes vel ſummos Pontifices, & eorum munus ſummum ſacerdotium : ſed hoc in communi dumtaxat, ſeu promiſcuè, nuſquam verò certo Epiſcopo, vel ſedi ſingulariter attributum.*

(b) *Molin. Senat. Franc. cont. abuſ. Pap. §. 25.*

L'Egliſe a jugé à propos de limiter dans la ſuite l'autorité des Ordinaires en certains cas, d'en réſerver quelques-uns au Pape; mais ce ne ſont là que des exceptions au droit commun, qui n'en changent point l'inſtitution. Les anciens Canons ont déclaré les Ordinaires en puiſſance de conferer chacun dans ſon détroit; (c) c'eſt ſur ce principe & ſur l'uſage de l'Egliſe pendant les douze premiers ſiecles, que nous prenons pour maxime certaine que la collation des Benefices n'eſt pas une fonction du Chef de l'Egliſe, mais d'ordinaire, qui appartient de droit commun à l'Evêque Dioceſain, & que lorſque le Pape confere par prévention, ce n'eſt pas comme Chef de l'Egliſe, mais comme Ordinaire dans un cas où l'Egliſe lui attribue cette qualité.

(c) *Canon omnes Baſilicæ, Cauſ. 16. Quæſt. 7. Card. de Luca. Tom. I. Diſc. de Benef. n. 6. & Duren. de ſacris miniſterii, lib.. c. 1.*

Les Eglifes & les Princes d'Allemagne ne refifterent
pas moins que l'Eglife de France aux prétentions de la
Cour de Rome fondées fur ce faux principe, que le Pape
eft le Collateur univerfel des Benefices. Le droit des Ordinaires fut foutenu avec la même fermeté, comme droit
commun au Concile de Conftance. *Neque Galli dumtaxat,*
dit Van-Efpen (a) *de fublatis per refervationes juribus Ordinariorum, Capitulorum, Patronorum atque Collatorum con-
quefti fuere, fed eadem quoque Germanorum fuit querela.*

De droit commun la collation de tous les Benefices
appartenoit aux Ordinaires dans les Eglifes d'Allemagne;
la réferve de la vacance *in curia* fut la premiere qui y fut
connue, ainfi que dans l'Eglife de France, & on y re-
garda comme dans l'Eglife Gallicane, cette réferve, les
préventions, les mandats, les expectatives & les réferves portées par les Extravagantes *execrabilis* & *ad regimen,*
qui furent fucceffivement introduites, comme des entreprifes fur le droit commun.

Le Pape n'avoit donc au tems du Concordat Germanique, aucun droit de collation par rapport aux Benefices
des Eglifes d'Allemagne, fondé en droit commun, & la
feule réferve de la vacance *in curia* étoit l'unique prétention de la Cour de Rome legitimement autorifée par un
long ufage contre le droit commun. Il étoit donc impoffible
que la collation des premieres Dignités après la Pontificale, qui ne fe trouvoit point encore parmi les prétentions de la Cour de Rome, qui avoient excité les plaintes
de la Nation Germanique, ainfi que celles de l'Eglife de
France, & avoient donné lieu à la Pragmatique & aux
deux Concordats, appartînt au Pape de droit commun.
D'où il faut neceffairement conclure que le Concordat Germanique n'en contenant point une réferve expreffe, ce droit eft refté dans les termes du

(a) *Part.* 1. *Cap.*
II. n. IX. & Gol-
daft. *Conft. T. I. p.*
404, 405, 406 &
407.

D ij

droit commun ; c'eft-à-dire , aux Ordinaires , à qui il appartient inconteftablement fuivant le droit commun, qui auroit exigé une dérogation expreffe qui ne s'y trouve point. Car lorfqu'il eft queftion de déroger au droit commun , furtout par une exception odieufe par elle-même , la dérogation ne fe préfume point. Il eft neceffaire qu'elle foit exprimée par une claufe formelle.

Qu'on fuppofe donc tant qu'on voudra, contre l'ufage de la Cour de Rome , d'expedier les Bulles fans ponctuation, ni à linea , contre le bon fens & l'atteftation d'une foule d'Auteurs dont le fuffrage ne peut être fufpect , une parenthefe dans le §. *de cæteris* fermée après le mot *exceptis ,* & qu'en conféquence ces mots , *de quibus jure ordinario providetur per illos inferiores ad quos aliàs pertinet ,* fe rapportent à ceux-ci , *de cæteris verò dignitatibus & Beneficiis quibufcumque , &c.* & non à ceux-là , *majoribus poft Pontificales , &c.* il n'en fera pas moins certain qu'il n'y a point de difpofition dans le Concordat , qui contienne une réferve générale des premieres Dignités après la Pontificale , & qu'il n'y a d'autre difpofition dans le §. *de cæteris ,* concernant ces Dignités , qu'une fimple exception , qui les excepte de l'alternative. En font-elles exceptées comme comprifes dans une réferve générale portée par les difpofitions précedentes du Concordat , ou par quelque regle antérieure au Concordat ? Il eft conftant qu'il n'y en a point.

De là il faut neceffairement conclure que les premieres Dignités ne font exceptées dans le §. *de cæteris* de l'alternative des mois , que pour demeurer dans les termes du droit commun, qui n'ayant point encore reçu d'atteinte par une réferve générale de cette nature , n'étoit pas fufceptible d'autre difpofition que d'une fimple exception , telle que celle que contient ce §.

S'il n'y a donc dans le Concordat d'autre difpofition concernant les premieres Dignités après la Pontificale, que la fimple exception de l'alternative des mois dans le §. *de cæteris*, comme cela eft inconteftable, n'eft-on pas forcé de convenir que le fort des Parties contractantes après le Concordat, a été de refter à l'égard des premieres Dignités, dans les mêmes droits qu'elles avoient avant ce Concordat? Or non-feulement la Cour de Rome n'avoit point acquis le droit de la réferve générale dont il s'agit, mais elle n'en avoit pas même encore formé la fimple prétention. Donc le Concordat a laiffé fubfifter le droit commun à l'égard des premieres Dignités.

Le fieur Filzmaurice ne fçauroit prouver que le droit commun ne fubfiftoit plus au tems du Concordat, par rapport aux premieres Dignités après la Pontificale, que le Pape en avoit acquis la collation dans tous les mois par une réferve, finon legitimement établie & prefcrite, du moins prétendue. Il eft au contraire démontré que la Cour de Rome n'a pu, ni dû faire par le Concordat, un abandon de cette réferve générale aux Ordinaires, puifqu'il eft certain que le Pape n'en avoit ni le droit, nimême la prétention.

En effet, le Capitule *cum in illis, de Præbendis in fexto*, décide formellement que les Benefices électifs ne font point fujets aux mandats ni aux réferves. Le Concordat Germanique n'a point dérogé en cela au droit public, puifqu'il n'a point été fait pour étendre les réferves, mais au contraire pour reftraindre les prétentions du Pape, & limiter fon pouvoir dans la difpofition des Benefices d'Allemagne. Il n'eft donc pas poffible de contefter aux Ordinaires la collation des premieres Dignités, fans bleffer évidemment la Loi du Contordat.

On nous oppofe en vain que le Concordat, quoique

revêtu de la forme d'un Contrat, n'eſt au fond qu'une grace émanée du Saint Siege, par laquelle il s'eſt relâché à l'avantage des Ordinaires de la collation des Benefices dont il y eſt fait mention. D'où l'on voudroit conclure que le Pape s'eſt réſervé par le Concordat la collation des premieres Dignités après la Pontificale, par la raiſon qu'il n'a point abandonné ce droit aux Ordinaires.

Mais ſur quel fondement peut-on nous préſenter le Concordat comme une grace ? Il faudroit regarder de même la Pragmatique & le Concordat François, dont l'autorité eſt abſolument égale. Ce ſeroit ſuppoſer d'ailleurs que le droit commun donnoit à la Cour de Rome la collation de tous les Benefices. Le contraire eſt victorieuſement établi, & tout ce qui ſe paſſa dans les Conciles de Baſle & de Conſtance, prouve parfaitement que l'objet des Concordats de la part de la Cour de Rome, fut d'acquerir des droits ſur les Ordinaires, & de la part des Nations, Parties dans ces contrats, d'arrêter le cours des entrepriſes de la Cour de Rome ſur le droit commun, & de reſtraindre ſes prétentions.

Rien n'eſt plus ſurprenant, » dit Frapaolo, (a) que ce » qu'ont dit & diſent encore les Canoniſtes, ſoit par » animoſité, ou parce que ce n'eſt pas leur profeſſion de » rien ſçavoir hors les Decretales, que le Pape conferoit » autrefois tous les Evêchés & tous les Benefices, & que » depuis il accorda par grace l'élection aux Chapitres, & » la collation aux Evêques, quoiqu'il ſoit auſſi clair que le » jour en plein midi, que l'élection des Miniſtres Eccle- » ſiaſtiques fut premierement entre les mains du Peuple, » d'où elle paſſa aux Princes.... & puis enfin au ſeul Or- » dre Clerical, &c. »

Il eſt donc inconteſtable que la collation des Benefices appartenoit aux Ordinaires de droit commun au tems du

(a) Traduction de M. Amelot de la Houſſaye, p. 234.

Concordat, que la Cour de Rome n'avoit alors que des prétentions à faire valoir, & que le Concordat eft un contrat qui lie également la Cour de Rome. Le fieur de la Verdure doit-il craindre quelque impreffion de la maxime contraire, pendant qu'à la Cour de Rome même, on regarde comme un principe conftant, que les Concordats faits avec les Nations, doivent être exécutés de bonne foi ? (a) Peut-on admettre après cela cette diftinction abfurde de quelques Auteurs obfcurs, tels que Brenden, Lacroix, Nicolars, &c. que les Concordats font des contrats de la part des Nations, mais de pures graces de la part du Pape ? Enfin le Pape Nicolas V. étoit fi éloigné d'inferer dans le Concordat de nouvelles réferves, telle que la réferve générale en tous mois des premieres Dignités après la Pontificale, alors inconnue, qu'il avoit reçu le Concile de Basle qui anéantit toutes les réferves, ainfi que l'atteftent Meffieurs Dupuy & Dubois dans fes Maximes du Droit Canonique, tom. 1. pag. 416. C'eft fur les principes établis ci-deffus, qu'Eneas Sylvius, Nonce en Allemagne, enfuite Pape fous le nom de Pie II. après avoir fans doute bien examiné les droits de la Cour de Rome, déclare nettement dans fa Lettre 338. adreffée au Chancelier de l'Electeur de Mayence, que le Concordat Germanique ne contient point la réferve des premieres Dignités après la Pontificale.

Le fieut Filzmaurice prétend prouver que le Concordat Germanique contient la réferve générale des premieres Dignités après la Pontificale, par l'exemple de l'Indult accordé par le Pape Clement IX. à Louis XIV. le 23 Mars 1659. pour nommer aux Evêchés de Metz, Toul & Verdun, & aux Benefices confiftoriaux qui en dépendent, par lequel il cede au Roi le droit de collation des premieres Dignités dans ces trois Evêchés ; ce qui fuppofe, dit-on, que la Cour de Rome jouiſſoit de ce droit en vertu du Concordat Germanique qui régiſſoit ces trois Evêchés avant leur réunion à la Couronne.

On ajoute à cet exemple de prétendus préjugés, le ſuffrage de quelques Auteurs, & l'uſage des Egliſes d'Allemagne.

Il eſt aiſé d'écarter les avantages que le ſieur Filzmaurice voudroit tirer de l'exemple des Egliſes de Metz, Toul & Verdun. Il faut obſerver que ces trois Villes furent anciennement du Domaine de la Couronne, & ne firent partie de l'Allemagne que par l'uſurpation des Empereurs, qu'elles furent réunies à la Couronne par la conquête qu'en fit Henry II. & que cette réunion fut confirmée par le Traité de Paix de Munſter. C'eſt un fait atteſté par tous les Auteurs, qu'avant la réunion de ces trois Evêchés à laCouronne, leur état, pour le Spirituel, a été longtems incertain : ils ſuivoient tantôt les Loix de France, tantôt celles d'Allemagne. Ces trois Evêchés ne furent point compris dans le Concordat Germanique, & devinrent enfin un pays d'obedience, ſoumis aux mandats, aux graces expectatives & à toutes les réſerves portées par les Extravagantes *execrabilis* & *ad regimen,* ſans modification & par les Regles de Chancellerie.

Il eſt vrai que de ces trois Egliſes, celle de Metz fut compriſe ſous le Concordat par un Indult ampliatif. (*a*) Mais cet Indult n'étant qu'un privilege, la Cour de Rome ne le laiſſa pas ſubſiſter en ſon entier, comme l'atteſtent les Lettres du Cardinal d'Oſſat au Roy Henry IV. des 26 Avril & 21 Decembre 1601. La Cour de Rome ſoutenoit alors que Metz, Toul & Verdun faiſoient partie de la Lorraine, où le Pape prétendoit *omnimodam poteſtatem,* dans la diſtribution des Benefices, & ſur ce fondement on diſputoit au Roy la nomination des Evêchés & Abbayes.

(*a*) Dubois, Maximes du Droit Canoniq. tom. I. p. 421. & la Bib. Canoniq. V. Concordat.

bayes. La Cour de Rome combattoit les élections, &
soutenoit que les premieres Dignités étoient réservées au
Saint Siege, & que le Pays Messin doit être comparé à
l'Italie ou au Comtat d'Avignon, où les Evêques, répu-
tés simples Vicaires du Pape, n'ayant aucune jurisdiction
naturelle, que celle qu'ils empruntent de l'autorité du
Saint Siege, ne peuvent refuser les mandats, les graces
expectatives & les réserves.

A Rome il y a grande difference, dit Blondeau sur le
mot *Concordat*, (*a*) entre le Concordat Germanique &
cet Indult, en ce que le Pape ne peut déroger à l'un, qui
est un contrat, mais il peut déroger en beaucoup d'arti-
cles à l'autre, qui n'est qu'un privilege. (*b*) Il est donc
certain que l'Eglise de Metz n'a été régie par le Concordat Germanique qu'à titre de privilege; ce qui n'a point
empêché le Pape d'y exercer toutes les réserves, comme
dans un Pays d'obedience, ainsi qu'il en usoit à l'égard des
Eglises de Toul & Verdun, qui n'avoient point été comprises dans l'Indult ampliatif.

C'est en cet état qu'a été accordé l'Indult du 22 Mars
1659. par lequel le Pape ceda à Louis XIV. non simple-
ment les droits qu'il avoit, limités au Concordat Germanique, mais généralement tous ses droits & toutes ses prétentions sur ces trois Eglises, qu'il avoit acquis ou confer-
vés en vertu de l'Indult ampliatif; ce qu'il n'auroit pu faire, si ces Eglises avoient été régies par le Concordat,
c'est-à-dire, autrement qu'à titre de privilege émané du
Saint Siege : c'est la raison de cette disposition générale
dans l'Indult accordé au Roy : *Non obstantibus quibusvis*
generalibus, vel specialibus Ecclesiarum prædictarum reserva-
tionibus, seu affectionibus Apostolicis per quoscumque Romanos
Pontifices prædecessores nostros, ac nos, & Sedem prædictam
quomodolibet factis, seu pro tempore faciendis, nec non Can-

(*a*) Bibl. Can.

(*b*) Dubois, Maxi-
mes du Droit Cano-
niq. tom. 1. p. 422.

cellariæ Apostolicæ Regulis editis & edendis. . . . Privilegiis quoque & Indultis, &c.

Ce n'est point en effet au Concordat Germanique, que le Pape déroge par cet Indult, pour ceder au Roy son droit de Collation, mais au privilege accordé à l'Eglise de Metz par l'Indult ampliatif, & aux Regles de Chancellerie, qui y avoient lieu comme dans un Pays d'obedience, *& potestatis plenitudine similibus derogamus ;* car il n'y est seulement pas fait mention du Concordat Germanique.

Il est certain d'ailleurs que suivant nos maximes, ces sortes d'Indults ne sont point necessaires pour établir dans les Provinces réunies à la Couronne depuis le Concordat François, les droits que nos Rois exercent, conformément au Concordat François, par rapport aux Benefices, soit parce que ces Provinces retournent par la réunion sous la disposition générale de la Loy du Royaume, *quasi jure postliminii,* soit parce que par le terme (*Royaume*) dont on s'est servi dans le Concordat François, on a entendu, non-seulement toutes les Provinces que possedoit alors François Ier, mais aussi toutes celles que pourroient posseder ses Successeurs. Sur ce fondement nous regardons ces Indults comme un témoignage de la pieté de nos Rois, qui ont bien voulu suivre ce tempéramment, pour éviter toute occasion de contestation avec la Cour de Rome.

Tout cela est étranger à l'exécution du Concordat Germanique dans les Eglises, qui sont uniquement régies par cette Loy à titre onéreux, comme l'Eglise de Cambray, & toutes les Eglises d'Allemagne, & non à titre de grace & de privilege, telles que les Eglises de Metz, Toul & Verdun, dont l'état ne cessa d'être incertain que pour devenir Pays d'obedience, & sujet à toutes les graces expectatives , à tous les mandats Apoftoliques , à toutes les réferves fans reftriction , & aux Regles de Chancellerie que la Cour de Rome y avoit établies en dérogeant , non au Concordat Germanique, qui n'étoit point leur Loy Nationale , mais à un privilege fingulier qui les avoit admis à y participer comme une grace.

L'on ne peut donc pas conclure de la ceffion faite par l'Indult accordé à Louis XIV. de la collation des premieres Dignités après la Pontificale , que ce droit eft réfervé au Pape par le Concordat Germanique , parce qu'il eft conftant que la Cour de Rome en avoit privé les Ordinaires du Pays Meffin , en dérogeant au privilege de l'Indult ampliatif , par l'établiffement des Regles de Chancellerie , & que l'Indult accordé au Roy ne porte point la conceffion du droit de préfenter aux Benefices réfervés au Saint Siege par le Concordat Germanique , dont il n'eft pas même fait mention dans cet Indult , mais un abandon de tous les droits du Pape dans la difpofition des Benefices des trois Evêchés , comme l'a obfervé Pinfon dans fa note fur cet Indult, tome 1. page 360. *Ennumerantur hîc Beneficia fæcularia., in quibus Regi virtute Indulti nominatio competit , nec ulla excepta quamvis in Concordatis Germanicis excipiantur in Cathedralibus Dignitates poft Pontificalem majores , & in Collegiatis principales , quæ tamen hîc includuntur.*

Une legere attention fur ces principes fuffit pour fe ^{Préjugés.} convaincre que les deux Arrêts du Grand Confeil , cités par le fieur Filzmaurice d'après Brillon , font étrangers à notre efpece , puifqu'il s'agiffoit dans l'efpece de ces Arrêts de l'exécution d'un Indult , par lequel le Pape a cedé au Roy , non les réferves portées par le Concordat Germanique , mais toutes celles que la Cour de Rome

E ij

avoit établies dans les Ptovinces qu'elle avoit toujours traitées comme Pays d'obedience.

Il ne falloit donc que confiderer l'état de ces Provinces, & les termes de la conceffion faite par l'Indult, pour déterminer les deux Arrêts cités, quand même on liroit dans le Concordat Germanique une reconnoiffance en termes formels de la part du Pape, du droit de collation des Ordinaires, des premieres Dignités après la Pontificale, parce que le Pape, après avoir admis par privilege l'Eglife de Metz à participer au Concordat, avoit enfuite dérogé à ce privilege, par l'établiffement & par l'ufage de toutes fortes de réferves, & des Regles de Chancellerie, & que c'eft en cet état que fut faite au Roy la ceffion de fes droits par l'Indult de 1659. Ces reflexions écartent victorieufement l'autorité de ces Arrêts, & celle de M. de Saint-Port, & du Dictionaire de Brillon.

A ces Arrêts on ajoute le Jugement de la Rote du 30 May 1588. Il s'agiffoit, dit-on, de la Prevôté de l'Eglife de Paderborn, qui eft la premiere Dignité après la Pontificale, & qui vaquoit par promotion.

Ce Jugement eft-il décifif pour le fieur Filzmaurice ?

Cette décifion, conforme au Concordat Germanique, eft contraire à fon fyftême, puifqu'il ne s'agiffoit point de fçavoir fi le Benefice avoit été conferé par le Pape, en vertu de la réferve générale en tous mois des premieres Dignités après la Pontificale, fuppofée par le fieur Filzmaurice dans le Concordat, & qui n'a été établie que long-tems après par la troifiéme Regle de Chancellerie ; mais fi le Pape avoit conferé en vertu de la vingt-quatriéme Regle de Chancellerie, que le Chapitre foutenoit avec raifon n'avoir pas lieu en Allemagne, ou en vertu de quelque réferve portée par le Concordat. Le Chapitre de Paderborn ne foutenoit fa prétention fur le fondement que ce Benefice avoit été conferé en vertu d'une Regle de Chancellerie, & que les Regles de Chancellerie font incompatibles avec le Concordat, que parce qu'il n'avoit pas fait attention que la réferve portée par la vingt-quatriéme Regle de Chancellerie, n'eft que la répetition de la réferve expreffe, portée par le Concordat, de la collation des Benefices vacans *per promotionem*, qui détermina la décifion de la Rote, & non la réferve générale fuppofée des premieres Dignités après la Pontificale, dont il n'étoit point queftion dans cette conteftation.

Branden, qui, non content d'imaginer une parenthèfe inutile dans le §. *de cæteris*, a cru devoir la fermer après le mot *exceptis*, fans s'embarraffer des anciennes éditions du Concordat, pour y fuppofer une réferve qui ne pouvoit entrer dans l'objet du Concordat, fans examiner le principe & les motifs de cette Loy, évidemment incompatible avec une réferve de cette nature, eft tombé dans la même erreur & dans le même aveuglement que le Chapitre de Paderborn; c'eft-à-dire, qu'il ne s'eft pas apperçu que la décifion de la Rote avoit pour motif unique la réferve expreffe confervée par le Concordat des Benefices vacans *per promotionem*, qui étoit, de l'aveu même du fieur Filzmaurice, le genre de vacance de l'Eglife de Paderborn. Branden manifefte lui-même fon erreur par la raifon qu'il donne de fon fentiment. *Quod Regula* 24ª. *comprehendit etiam has primas Dignitates, quas Papa fibi refervat, & fic comprehenduntur fub Regulis.*

Cet Auteut n'a pris, comme on voit, le parti de fuppofer la réferve générale des premieres Dignités après la Pontificale, dans le Concordat, que fur le faux principe que la troifiéme Regle de Chanrellerie, qui a établi cette réferve exiftoit, au tems du Concordat, & que l'exception portée par le §. *de cæteris* eft relative à cette Regle.

Le contraire a été démontré ci-dessus, & conséquemment l'erreur de Branden & de tous ces Auteurs, également obscurs & ignorans, qui ont suivi Branden, qui ont lû comme lui le Concordat, sans distinguer les réserves qui existoient alors, de celles introduites par les Regles de Chancellerie, qu'ils ont supposées antérieures au Concordat. C'est sur cet anacronisme qu'est établi le sentiment de Pirringh, de Reitffenstuel, de Nicolarts, de Spicler, du P. la Croix, & de Laurenius. Tous ces Auteurs disent que le Pape confere les premieres Dignités après la Pontificale, en vertu de la troisiéme ou quatriéme Regle de Chancellerie, réservée par le Concordat. *Vi 4ᵃ regulæ utpote comprehendentis etiam Beneficia Germaniæ.* Ce qui suppose necessairement l'existence de cette Regle au tems du Concordat, pendant qu'il est démontré que la Cour de Rome n'en avoit pas même encore formé la prétention. Tous ces Auteurs en général, qui la plûpart citent Branden pour garant de leur opinion, regardent le Concordat comme une grace accordée par le Saint Siege aux Ordinaires, & partent de ce principe, dont l'absurdité est démontrée, pour établir en Allemagne les Regles de Chancellerie. Presque tous ces Auteurs ont écrit à Rome, & quoiqu'Allemans, doivent être mis au rang des plus zelés Ultramontains.

On appuye encore ce systême du suffrage de M. de Fleury, du P. Thomassin, de le Pelletier, de Mᵉ d'Hericourt, & de l'Auteur des Memoires du Clergé.

M. de Fleury (*a*) n'entreprend point d'expliquer le Concordat Germanique, il n'en parle qu'en Historien; il se borne à rapporter l'exception portée dans le §. *de cæteris*, des premieres Dignités de l'alternative des mois, sans expliquer si cette exception est en faveur du Saint Siege ou du droit commun.

(*a*) Suivant la citation du Sieur Filzmaurice.

Le Pere Thomaffin s'eft exprimé de même. Il rapporte, comme M. de Fleury, l'établiffement de l'alternative des mois, *exceptis primariis cujufque Ecclefiæ Cathedralis & Collegialis*, fans s'expliquer fur l'objet de cette exception, à l'endroit cité par le fieur Filzmaurice ; mais le même Auteur, bien loin de favorifer le fyftême du fieur Filzmaurice, le détruit entierement, partie 4. titre 2. chapitre 46. où il fait l'énumération de toutes les réferves confervées par le Concordat Germanique, fans dire un mot des premieres Dignités après la Pontificale, comme n'étant point comprifes dans les difpofitions du Concordat, parmi les referves confervées au Pape par ce Traité.

Le fuffrage de le Pelletier fur les droits du Pape, ne merite aucune confideration. C'étoit un Banquier Expeditionnaire en Cour de Rome, qui ignoroit les droits des Eglifes d'Allemagne. D'Hericourt n'a point examiné le Concordat Germanique ; il l'a regardé comme une Loy étrangere à fon fujet ; il n'en parle que dans un préambule, plutôt comme Hiftorien que comme Jurifconfulte, & n'en examine ni les principes ni fes differentes difpofitions. Cet Auteur n'a jamais prétendu donner une décifion ni un fyftême de doctrine fur cette matiere, non plus que l'Auteur des Memoires du Clergé. Ce que dit ce dernier au fujet des Eglifes de Metz, Toul & Verdun, ne peut être tiré à confequence pour les Eglifes régies par le Concordat, parce que l'Eglife de Metz n'ayant participé au Concordat qu'à titre de privilege, & celles de Toul & Verdun n'ayant point été régies fans contradiction par le Concordat, ces Eglifes fe trouvoient affujetties à toutes les Regles de Chancellerie dans le tems de l'Indult accordé à Louis XIV. état bien different de celui des Eglifes d'Allemagne , qui n'ont point reçu le Concordat Germanique avec le même défavantage.

C'eft-là ce que le fieur Filzmaurice appelle le fuffrage unanime de tous les Auteurs. Le fentiment de Fagnan , de Gonzales , de Lhotterius , de Choquier , de Tournelly, d'Eneas Sylvius , de Van-Efpen , de Blondeau , du Pere Hardouin , du Pere Thomaffin , de Pinfon & de Dubois , prouve que non-feulement le fyftême du fieur Filzmaurice n'a pas en fa faveur le fuffrage unanime des Auteurs, mais encore qu'il eft victorieufement combattu par les Canoniftes les plus diftingués parmi ceux qui ont traité du Concordat Germanique avec quelqu'attention fur les principes. Tous ces Auteurs ont lû le Concordat fans parenthèfe, ou la parenthèfe fermée après ces termes , *ad quos aliàs pertinet* , & tous atteftent également que les premieres Dignités ne font point réfervées au Pape par le Concordat, & que cette réferve générale eft incompatible avec la Loy du Concordat.

Ces Auteurs fe font fondés tant fur la nature de cette réferve, qui n'ayant point été introduite, ni même propofée avant le Concordat , n'auroit pu y être comprife fans une difpofition expreffe, qui ne s'y trouve point, que fur les anciennes & les meilleures Editions du Concordat, & fur l'ancien ufage d'expedier à Rome les Bulles fans alinea & fans ponctuation.

Dans le Bullaire imprimé à Rome en 1587. la parenthèfe n'eft fermée qu'après ces mots, *ad quos aliàs pertinet* , & l'on ne trouve point de parenthèfe dans les éditions antérieures. Dans le même Bullaire de l'édition de 1638. on trouve le premier crochet qui ouvre la parenthèfe , mais le fecond y eft omis.

Haiminsfeld, dans fon Recueil des Conftitutions Imperiales, tom. 2. pag. 125. & 126. rejette fur le fondement

da

du Concordat Germanique , la réserve générale des premieres Dignités. *Generalis Reservatio omnium Ecclesiarum &,
Dignitatum electivarum per Romanum Pontificem fieri non
debet ; neque factis est utendum , præter quam in terris Ecclesiæ
Romanæ subjectis.*

De Heiff rapporte tout au long dans son Hiftoire de
l'Empire, le Concordat Germanique fans parenthèfe dans
le §. *de cæteris.* Le fuffrage de cet Auteur a d'autant plus
de poids, qu'il eft Allemand , qu'il fut employé pendant
un très-grand nombre d'années dans les Négociations
des interêts des Princes de l'Empire , & qu'il rapporte les
actes autentiques qui peuvent fervir à l'éclairciffement
de fa matiere, dont il connoiffoit mieux que perfonne en
qualité de Miniftre , les difpofitions & l'exécution qu'ils
doivent avoir: en un mot, cet Auteur étoit inftruit par
état , du Droit public, & particulierement de celui de fa
Nation.

Mais ce qui tranche enfin toute difficulté fur les differentes lectures du Concordat , c'eft l'autorité des Ordonnances ou Placards de Brabant, où le Concordat fe trouve
inferé , tel qu'il fut envoyé à tous les Souverains de la Nation Germanique, fans parenthèfe. (*a*) Des fources fi ref-
pectables peuvent-elles être détruites par le caprice, l'i-
gnorance ou l'interêt perfonnel qui a infpiré les Auteurs
obfcurs , cités par le fieur Filzmaurice?

Branden eft le chef de ces Auteurs.Nicolars,le Pere Lacroix ,Pirringh,Reitffenftuel, Spicler & Laurenius ne font
que fes copiftes.La plûpart de ces Auteurs avoient demeuré
long-tems à Rome , les uns au fervice des Cardinaux, les
autres à la fuite des Procés qu'ils foutenoient à la Rote
pour des Benefices. C'eft-là le motif de leur zele pour des
réferves , & des étranges maximes dont ils ont rempli

(*a*) On a produit
les Extraits de ces
Ordonnances ou
Placards tirés du
tom. 3. contenant le
texte, *prout jacet ,*
des §§. *de cæterir ,*
desConcordats Ger-
maniques fans paren-
thèfe.

F

leurs ouvrages. Branden foutient que ceux qui obtiennent des Benefices au préjudice des réferves , font en péché mortel , que le Pape eſt le fouverain difpenfateur de tous les biens Eccleſiaſtiques , d'où il conclut qu'il peut détruire les Concordats. Les autres ont adopté cette doctrine, ils prennent les Regles de Chancellerie & les réferves de toute efpece pour le droit commun , & la plûpart citent Branden. D'ailleurs qu'on jette les yeux fur leurs ouvrages , on y trouvera une parfaite ignorance des Canons, de l'Hiſtoire , & de la difcipline de l'Eglife. De quel poids peuvent être de pareils fuffrages , fi l'on en pefe le mérite fuivant les Maximes de Bartole ? *Non doctorum dicta , fed jura confideranda quæ allegant.* (a)

(a) *In lib. non fo-lùm, ff. de liber. leg.*

C'eſt cependant fur la foi de ces Auteurs que le fieur Filzmaurice a répandu dans fes écrits *que le Pape eſt le difpenfateur des biens de l'Eglife , le Collateur univerfel des Benefices ; que c'eſt du Pape que les Collateurs ordinaires tiennent le droit de collation qu'ils exercent, & qu'il peut le retirer quand il le jugera à propos.*

Il fuffit enfin de prefenter les principes de ces Auteurs pour détruire leur opinion. Ils fuppofent dans le fait que la troifiéme Regle de Chancellerie exiſtoit avant le Concordat , & dans le droit que les réferves étoient le droit commun. Que le Concordat n'eſt qu'une exception aux réferves aufquelles il faut recourir. Deux erreurs palpables. On a démontré que les réferves portées par les Regles de Chancellerie , & fingulierement par la troifiéme Regle , ne furent introduites que long-tems après le Concordat , & que toutes les réferves en général étoient des prétentions contraires au droit commun , fuivant lequel la collation dés Benefices appartient aux Ordinaires.

C'eſt fur ce principe inconteſtable que les Auteurs que nous citons ont penfé que le §. *de cæteris* doit être lû fans parenthèſe, ou du moins avec la parenthèſe fermée après ces mots, *ad quos aliàs pertinet*, & que de quelle façon qu'on veuille le lire, il eſt impoſſible de trouver dans le Concordat une réſerve générale des premieres Dignités après la Pontificale, dont on n'avoit eu juſqu'alors aucune idée, & qui n'a été introduite que long-tems après le Concordat, par la troiſiéme Regle de Chancellerie. C'eſt ſur ce principe qu'ils décident nettement que cette réſerve générale ne peut avoir lieu dans les Egliſes régies par le Concordat Germanique.

Tel eſt en deux mots le ſyſtême des Auteurs cités par le ſieur Filzmaurice ſur la queſtion que nous traitons. Ils conviennent qu'il n'y a dans le Concordat aucune réſerve expreſſe des premieres Dignités; ils ſoutiennent cependant que la collation en appartient au Pape dans tous les mois, fondés ſur ce que les premieres Dignités ayant été exceptées de l'alternative par le §. *de cæteris*, ſans qu'il ſoit dit que la diſpoſition en eſt laiſſée aux Ordinaires, elles ſont demeurées réſervées au Pape, comme elles l'étoient auparavant, en vertu de la troiſiéme Regle de Chancellerie.

Mais aucun de ces Auteurs ne s'eſt embarraſſé de prouver l'exiſtence de cette réſerve antérieure au Concordat; enſorte que leur opinion n'a de fondement qu'une ſuppoſition demontrée. Choquier, Lotterius, Fagnan, Gonzales, dont l'ouvrage eſt dedié à la Rote, & les autres Auteurs que nous citons, convaincus que le droit commun eſt en faveur des Ordinaires, que la réſerve générale dont il s'agit ne l'avoit point alteré avant le Concordat, & qu'on n'en trouve même aucune trace dans les prétentions de la Cour de Rome, ont penſé qu'une prétention de cette nature exigeoit une réſerve expreſſe & litterale dans le Concordat, & ont jugé ſur ce principe qu'elle eſt aujourd'hui incompatible avec la Loy du Concordat.

S'il reſtoit encore après cela quelque doute ſur le droit du Chapitre, & ſur l'exécution que doit avoir le Concordat Germanique dans l'Egliſe de Cambray, ne ſeroit-il pas entierement levé par l'Ordonnance ou Placard de l'Empereur Ferdinand du 27 May 1559. adreſſée à tous les Collateurs de l'Egliſe de Cambray, concernant l'obſervation du Concordat Germanique?

Cette Ordonnance veut que les Egliſes, ſur-tout les Cathédrales, *præſertim in Cathedralibus*, jouiſſent du droit d'élire leurs Dignités, & fait défenſe à ſes Sujets d'en prendre poſſeſſion, ſur le prétexte de grace expeċtative, ou d'aucune réſerve, à peine de privation de tous privileges, & de confiſcation de biens. Où trouvera-t'on un plus fidele, un plus ſûr Interprete du Concordat, que la Loy du Prince qui en ordonne l'exécution? Si quelqu'un avoit élevé une pareille difficulté ſur l'uſage du Concordat François, oſeroit-on la ſoutenir, ſi on la trouvoit enſuite auſſi diſertement décidée dans une Déclaration du Roy? La prétention du ſieur Filzmaurice eſt donc condamnée, non-ſeulement par l'eſprit & par la lettre du Concordat, par le ſuffrage de tous les Auteurs qui en ont parlé avec quelque diſcernement, & par le droit commun, mais encore par une Loy préciſe du Souverain.

Preſcription.On nous oppoſe en vain la preſcription. Les maximes à cet égard ſont familieres, mais étrangeres à la matiere dont il s'agit. L'uſage de la preſcription ſe trouvant expreſſément proſcrit par le Concordat, il n'eſt pas poſſible d'y avoir égard. Ainſi la poſſeſſion ſur cette matiere ne mérite d'attention qu'autant qu'il ſeroit poſſible de la regarder ici comme l'interprete de la Loy, autrement l'on ne peut conſiderer les aċtes poſſeſſoires que comme des aċtes abuſifs, & comme des entrepriſes prévûes & proſ-

crites dans la Loy par le decret irritant du §. *& ad finem,*
conçu en ces termes : *Et durabit deinceps , niſi in futuro
Concilio de conſenſu dictæ Nationis aliter fuerit ordinatum.* En
général l'on ne preſcrit point contre le droit public.
Peut-on à plus forte raiſon preſcrire contre une Loy du
droit public, qui a expreſſément prévu & proſcrit toute
entrepriſe , toute poſſeſſion contraire, par une diſpoſition
ſinguliere ?

Mais ſi la Cour de Rome ne peut avoir acquis par la
force de la poſſeſſion un droit contraire à la Loy du Concordat, peut-on ſuppoſer ce même droit renfermé dans la
Loy du Concordat, ainſi interpreté & expliqué par la poſſeſſion & par l'uſage ?

Pour pouvoir tirer quelqu'avantage de la poſſeſſion , en
la preſentant comme la fidele interprete de la Loy , il
faudroit que la poſſeſſion eût la Loy du Concordat pour
baſe & pour principe ; c'eſt-à-dire que le Pape eût conferé
avant le Concordat les premieres Dignités après la Pontificale , en vertu d'une réſerve antérieure au Concordat,
& qu'il eût continué depuis le Concordat d'exercer ce
même droit de collation , comme lui ayant été réſervé par
le Concordat. On pourroit en ce cas propoſer une interpretation de cette nature. Mais c'eſt ce que le ſieur Filzmaurice ne prouvera jamais.

En effet, ſoit qu'on s'arrête à la poſſeſſion particuliere
du Pape ſur l'Egliſe de Cambray, ſoit que l'on conſidere
l'uſage de toutes les Egliſes d'Allemagne , l'on ne trouve
pas un ſeul exemple de l'exercice de ce droit de collation , en vertu du Concordat , & d'une réſerve antérieure
au Concordat.

C'eſt un fait atteſté par des monumens autentiques que
la Prevôté de l'Egliſe Métropolitaine de Cambray eſt à
la collation élective du Chapitre *à fundatione ,* qu'il a exer-

cé ce droit avant le Concordat , & depuis le Concordat jufqu'en 1659.

On trouve dans la chronologie de l'Eglife de Cambray, une fuite d'Elections faites par le Chapitre fans interruption , dans le tems qui a précedé le Concordat, & même depuis la reception du Concordat à Cambray. On en a produit une copie , dans laquelle le premier Prevôt y eft énoncé en ces termes : *Maffelius tempore Gerardi fecundi Epifcopi* 1079. *electus à Capitulo.* Le fieur Filzmaurice a fort maltraité l'Auteur des confultations du Chapitre fur cette citation, qu'il prétend infidele. On a retranché, dit-il , après le mot *Capitulo,* ceux-ci, *Epifcopus loco Manaffes.*

On peut livrer fans rifque à toute la vivacité de la critique du fieur Filzmaurice la copie de la chronologie produite, puifqu'on a découvert que l'original n'a d'autre autenticité que la vetufté de l'écriture. C'eft un ouvrage informe , rédigé par un ignorant, que les Regiftres du Chapitre rendent inutile , ainfi que l'Hiftoire Genealogique de Carpentier , citée avec trop de confiance par le fieur Filzmaurice. Suivant les Regiftres du Chapitre , Maffelius ne fut élû Prevôt qu'en 1089. Gerard étoit encore Evêque en 1081. & Manaffes étoit Evêque en 1095. Il eft donc impoffible que Maffelius ait été élu Evêque à la place de Manaffes en 1079. comme le prétend le fieur Filzmaurice. Quoi qu'il en foit, il n'eft pas moins certain que les anciens monumens font remplis d'élections, & qu'on n'y trouve pas une feule collation du Pape à titre de réferve générale , & en vertu du droit commun.

La Bulle du 3 Avril 1286. par laquelle le Pape Honoré IV. remet au Chapitre de Cambray la faculté de conferer fa Prevôté qui avoit vaqué par la promotion du Prevôt à l'Evêché de Cambray, ce qui eft le cas d'une réferve finguliere , indépendamment de la réfignation pure &

simple de ce **Prevôt** entre les mains du **Pape** qui lui donnoit le droit de conferer, conftate d'une maniere bien
précife que la Prevôté de cette Eglife étoit dans les termes du droit commun avant le Concordat. Le Pape y reconnoît formellement le droit de collation du Chapitre
en ces termes : *Nos cupientes ut Præpofitura ipfa conferatur*
perfonæ quæ ipfius congruat oneri & honori, ac vos ad quos
aliàs electio præpofiti in dicta Ecclefia pertinere dicitur.

Les élections du Chapitre ne fe trouvant interrompues,
fuivant même l'Hiftoire de Carpentier, part. 2. chap. 4.
citée par le fieur Filzmaurice, que par des Provifions fur
des réfignations ou fur des vacances *in curia*, ou par des
expectatives qui ne pouvoient donner atteinte au droit
d'élection. Seroit-ce combattre avec fuccès cette poffeffion, que d'alleguer que les élections du Chapitre étoient
autant d'entreprifes fur les droits du Pape ? Nous avons
prouvé ci-deffus qu'au tems du Concordat, le droit des
Ordinaires n'avoit reçu d'atteinte que par des réferves particulieres, & qu'on ne trouve dans l'Hiftoire de l'Eglife
& dans les prétentions de la Cour de Rome, aucune trace
d'une réferve générale, telle que celle dont le fieur Filzmaurice veut introduire l'ufage.

Ainfi quelque nombre de collations du Pape que l'on
veuille fuppofer de la Prevôté de Cambray avant le Concordat, il eft impoffible d'en fuppofer une feule en vertu
d'une réferve qui n'a été imaginée que long-tems après le
Concordat. Donc toute collation du Pape antérieure au
Concordat, a eu pour principe l'exercice de quelqu'une
des réferves fingulieres, abolies ou modifiées par le Concordat, & toutes également étrangeres à ce Procès, &
non d'une réferve générale dont on n'avoit point encore
conçu l'idée. Tel étoit donc l'état du Chapitre de Cambray avant l'acceptation du Concordat Germanique. Il

jouiſſoit du droit d'élire ſon Prevôt , & ce droit fondé ſur le droit commun , n'avoit pu être alteré par la prétention d'une réſerve générale.

Le Concordat Germanique fut reçu dans l'Egliſe de Cambray en vertu d'un Edit de Charles V. de 1554. & en 1555. le Chapitre élut Guillaume Claix.

La Bulle de Gregoire XIII. du 9 Mars 1573. qui confirme le Decret d'union d'une Prebende à la dignité de Prevôt, porte encore une reconnoiſſance formelle du droit du Chapitre, poſterieure , comme on voit , à l'acceptation du Concordat. Le Chapitre ſtipule dans ſon conſentement à cette union , la condition expreſſe , que la Prevôté, auſſi-bien que la Prebende unie , continueroit d'être à la libre élection du Chapitre, parce qu'il craignoit que l'Archevêque ne voulût dans la ſuite prétendre quelque droit ſur la Prevôté , ſur le prétexte que le Canonicat étoit à ſa collation. Ce conſentement fut également viſé dans le Decret & dans la Bulle ſans aucune reſtriction.

Il eſt vrai que le Pape diſpoſa enſuite de la Prevôté en 1587. mais par les Proviſions qui ſont produites, le Pape reconnoît que la collation ne lui appartient qu'à cauſe du genre de la vacance, pour crime d'héreſie. Pierre Lombard fut encore pourvu ſur le même prétexte , ou ſur le prétexte de litige. Quoi qu'il en ſoit , le Pape reconnoît encore par ſes Proviſions , qu'il n'eſt point collateur ordinaire , que la collation ne lui appartient que par accident, & pour cette fois ſeulement, *pro hac vice.* Il y eut après cela deux Proviſions ſur réſignation , juſqu'à la vacance de 1559. Ces Proviſions n'acquierent aucun droit au Pape.

En tout cela on ne trouve pas une ſeule collation du Pape en vertu de la réſerve générale des premieres Dignités

gnités après la Pontificale portée par la troifiéme Regle de Chancellerie, depuis 1079. jufqu'en 1659. tous les Prevôts de l'Eglife de Cambray font élus par le Chapitre ou pourvus par le Pape, fur des réfignations ou fur des genres de vacance finguliers, en vertu des réferves particulieres confervées par le Concordat, & abfolument étrangeres à la réferve générale des premieres Dignités, qu'on veut faire valoir aujourd'hui. Le droit du Chapitre fe trouve d'ailleurs formellement reconnu par deux Bulles.

N'eft-il pas abfurde de vouloir combattre ce droit, & en interrompre la poffeffion par des Provifions fur réfignation, fur des vacances *in curia*, par promotion ou pour caufe d'héreſie accordées avec la claufe *pro hac vice*, ou enfin en vertu de mandats *de providendo* & d'expectatives, qui n'ont d'exécution que par force majeure ? Aucunes de ces Provifions ne font accordées *jure ordinario*, & ne fçauroient donner atteinte au droit de l'Ordinaire. Il en eft de même des collations en vertu de la troifiéme Regle de Chancellerie.

On compte quatre collations de cette efpece dans la chronologie de l'Eglife de Cambray, dont la premiere eft de 1659. Or ces quatre collations n'ayant point été faites en vertu du Concordat, mais en vertu d'une regle incompatible avec cette Loy, & qui n'a été introduite que longtems après le Concordat dans les Pays d'obedience, ne fçauroient être employées pour expliquer le Concordat, & ne peuvent être confiderées que comme des entreprifes fur le Concordat & fur le droit commun. Les Provifions du fieur Filzmaurice étant les premieres accordées en vertu du Concordat, font impuiffantes pour établir un ufage, & fervir à l'interpretation de la Loy.

Inutilement voudroit-on tirer quelqu'avantage du non-

G

uſage du droit d'élection, & du ſilence du Chapitre, ſur toutes les collations du Pape.

Parmi les differentes collations du Pape, il faut diſtinguer les mandats & les expectatives, qui ſont des voyes extraordinaires, expreſſément abolies par le Concordat, dont l'uſage ne peut par conſéquent ſervir à l'interpreter, ni à acquerir aucun droit, & les collations ſur des réſignations ou ſur des vacances *in curia*, & du nombre de celles compriſes dans les Extravagantes *execrabilis* & *ad regimen*, conſervées par une diſpoſition expreſſe du Concordat, généralement pour toutes ſortes de Benefices, des collations accordées par le Pape en vertu de la réſerve générale des premieres Dignités, introduite par la troiſiéme Regle de Chancellerie, qui ne ſont, comme on l'a vû ci-deſſus, qu'au nombre de quatre, dont la premiere eſt de 1659.

Le Chapitre de Cambray parfaitement inſtruit que l'uſage des Regles de Chancellerie étoit expreſſément proſcrit par le Concordat, & que les Proviſions accordées par le Pape contre la diſpoſition du Concordat, ne pouvoient par conſéquent acquerir aucun droit, a pu garder le ſilence par reſpect pour le Saint Siege, ſans ſe préjudicier. En effet, le Chapitre ne pouvoit perdre ſon droit de collation par ces ſortes de Proviſions, qui ne le privent ſimplement que de l'exercice actuel, ſans donner atteinte au fond du droit. Il n'avoit point à craindre l'effet d'une poſſeſſion prévue & proſcrite par le Concordat. Par cette raiſon il ne compromettoit point ſon droit de collation en reſpectant la collation du Pape, faite en vertu de la troiſiéme Regle de Chancellerie.

Cette poſſeſſion & le ſilence du Chapitre ne pourroient ètre propoſés que dans le cas où au lieu de Proviſions données en vertu de la troiſiéme Regle de Chancellerie, on rapporteroit une longue ſuite de Proviſions accordées en vertu du Concordat, parce qu'alors on pourroit lui objecter qu'il a lui-même reconnu que les premieres Dignités après la Pontificale, sont réservées par le Concordat, quoiqu'il soit plus clair que le jour par les termes du Concordat, & par les circonstances qui ont précedé & accompagné ce Contrat, que cette réserve n'y est point, & n'a pu y être inserée.

On ne trouvera pas dans l'usage des Eglises d'Allemagne, une interpretation plus favorable à la prétention du sieur Filzmaurice.

Les Eglises d'Allemagne, dit Frapaolo, (a) résisterent aux réserves & aux graces expectatives. Le Concordat, en abolissant les graces expectatives & les mandats, admit quelques réserves. Quel fut ensuite l'usage des Eglises Germaniques ? Bien loin de se soumettre à une réserve générale des premieres Dignités que le Concordat ne renferme point, les Eglises d'Allemagne trouverent cette Loy si onéreuse, même sans cette réserve générale, qu'elles cesserent de l'observer ; ce qui obligea Clement VII. en 1534. de faire une Bulle severe qui fut sans effet. Gregoire XIII. en fit une autre qui n'eut pas plus de succès. Le Cardinal Madruce, Legat de Clement VIII. se plaignit encore inutilement au nom du Pape à la Diette de Ratisbonne de 1594. (b)

Croiroit-on après cela qu'il ait été possible à la Cour de Rome d'introduire dans la suite dans les Eglises d'Allemagne, l'usage de la troisiéme Regle de Chancellerie, & d'une réserve générale, infiniment plus onereuse & plus contraire au droit commun que toutes celles qui sont comprises dans le Concordat ? On a défié le sieur Filzmaurice de citer une seule Eglise qui s'y soit soumise. En effet, l'usage de cette réserve générale n'est pas moins étranger dans les Eglises régies par le Concordat Germa-

Usages des Eglises d'Allemagne.

(a) Pag. 273. traduct. de M. Amelot de la Houssaye. V. Perard Castel, usages de la Cour de Rome.

(b) Le même Auteur, p. 305.

G ij

nique, que dans nos Provinces foumifes à la Loi du Concordat François.

Les Eglifes d'Aufbourg, de Munfter, de Saltzbourg, de Liege, de Sainte Croix de Cambray, de Nivelle, de Befançon, de Bremen, d'Halberftad, de Cologne, de Mayence, &c. ont toujours élu leurs premieres Dignités. Le droit de collation du Chapitre de Saint Wifcard de Bremen de fa Prevôté, eft attefté par la Glofe de la Decretale, *Litteras veftras de conceff. præb.* celui du Chapitre des Saints Apôtres de Cologne, par la Decretale, *Dudum ad audientiam*, & par Gonzales. (a) Le même Auteur attefte le même droit de collation élective à l'égard du Chapitre de Mayence, fuivant l'ufage des Eglifes Germaniques, fur la Decretale, *Bonæ memoriæ* adreffée à cette Eglife. (b) L'Auteur (c) du Recueil des Hiftoriens de Mayence, rapporte la Bulle, *Cum ficut accepimus* du 28 Decembre 1564. par laquelle le Pape rétablit l'Eglife de Mayence dans le droit d'élire fon Prevôt.

Cet ufage des Eglifes foumifes au Concordat Germanique eft attefté par des Auteurs dont le fuffrage n'eft pas fufpect. Le Cardinal Puteus (d) parlant des Concordats Germaniques, dit que les Concordats font toujours exceptés des réferves générales. *Quod Concordatis non folet per verba generalia derogari & femper excepta cenfentur.* Le feul fuffrage de Van-Efpen, l'un des plus fçavans Canoniftes que nous ayons, & des mieux inftruits des droits & des ufages des Eglifes d'Allemagne, ne devroit laiffer aucun doute fur cette matiere. *Hinc ufu harum regionum dignitates hujufmodi electivæ confirmativæ à refervatione exemptæ, eliguntque paffim fuos Decanos fine ulla diftinctione, neque ulla quoad hafce dignitates refervatio hic nota eft :* ce qui n'eft pas reftraint aux feules Dignités électives confirmatives: *quin & paffim*, ajoute cet Auteur, *Dignitates electivæ col-*

(a) L. 1. Decrétal. tit. VI. *de elect. & elect. poteft. cap.* 22- *cap. dudum ad au. dientiam.*

(b) *In Decret. L.* VI. *de elect. & elect. poteft. cap.* XXII.

(c) Georges Chretien Joannis, tom. 2. pag. 291.

(d) Dans fes decifions de la Rote, l. 1. dec. 47. n. 3.

lativæ ab hac reservatione sunt solutæ, ipsaque Capitula liberè eás in omnibus mensibus eligendo conferunt. (a)

On peut consulter encore avec le même avantage pour le Chapitre de Cambray, la Lettre 338. d'Eneas Sylvius, Nonce en Allemagne, & depuis Pape sous le nom de Pie II. dans laquelle il declare qu'on ne trouve point dans l'usage des Eglises d'Allemagne la réserve générale dont il s'agit; le *Gallia Christiana*, tom. 5. p. 532 & suivantes. Lenfant, tom. 2. p. 296. Pinson, Traité des Indults, tom. 2. p. 360. M. Heiss, Hist. de l'Empire d'Allemagne, & le *Compendium Bullarii* de Loërce dans l'Analyse de la Bulle de Nicolas V. sur les Concordats.

Mais ce qui écarte sur tout toute idée de difficulté, c'est le Placard ou Ordonnance de l'Empereur Ferdinand de 1559. adressé au Cambresis pour y assurer l'exécution du Concordat, rapporté ci-dessus, & la Bulle *Super gregem* de Sixte V. à qui on ne reprochera pas d'avoir ignoré les droits de la Cour de Rome. Il est démontré par le Placard de l'Empereur Ferdinand, que les Chapitres ont conservé le droit de conferer les premieres Dignités, *jus eligendi disponendique de prælaturis, dignitatibus, aliisque, &c.* (b) La Bulle *Super gregem*, rapportée par Chokier, (c) fut donnée en faveur du Chapitre de l'Eglise de Tongres, qu'on avoit dépouillé du droit de collation de sa premiere Dignité. Le Pape y reconnoît formellement le droit de collation des Chapitres. *Neque Dignitates ipsas electivas sub Cancellaria regula Dignitatem hujusmodi reservatoria, aut aliis in corpore juris non clausis reservationibus Apostolicis comprehensas esse.*

Sur tout cela la ressource du sieur Filzmaurice est singuliere. Les Eglises d'Ausbourg, de Munster, de Saltzbourg & de Liege, nomment, dit-il, aux premieres Dignités, comme subrogées aux droits du Pape, par la troi-

(a) Van-Espen, p. 2. tit. 23. cap. 4. n. 19.

(b) Ce placard est produit.

(c) *Ad regul. Cancell.* p. 41 & 42.

fiéme Regle de Chancellerie & par le Concordat Germanique, en vertu d'Indults qui leur ont été accordés.

On a démontré ci-deſſus que le prétendu concours de
la troiſiéme Regle de Chancellerie avec le Concordat,
eſt une abſurdité palpable. A l'égard des Indults, c'eſt une
ſubtilité groſſiere imaginée par Pirring & la Croix, qui
ſont les garants du ſieur Filzmaurice, pour faire valoir la
réſerve générale dont il s'agit. Ces Auteurs n'ont oſé rapporter ces prétendus Indults, ni en citer même la date.
Le prétendu Indult des Egliſes du Diocèſe de Liege, qui
eſt le ſeul connu, eſt rapporté par Nicolars ſous ce titre :
Concordata Leodienſium cum Eugenio Papa IV. *circà Benefi-
çia.* C'eſt en effet un vrai Concordat antérieur de ſept ans
an Concordat Germanique. Les premieres Dignités y ſont
expreſſément laiſſées à la libre élection des Chapitres, &
le Pape s'y oblige à l'abolition de toutes les réſerves, à
l'exception de celles compriſes dans le corps de Droit. (a)

Ce n'eſt pas combattre l'exemple des Egliſes de Sainte
Croix & de Nivelle, que d'objecter que les premieres Dignités de ces Egliſes ne ſont pas au taux des réſerves ;
c'eſt-à-dire, que le revenu de ces Dignités n'excede pas
dix florins d'or, parce que les Benefices ne ſont point di-
ſtingués par leur valeur dans le Concordat, & que cette
valeur n'eſt conſiderée que pour l'uſage des Regles de
Chancellerie.

Le ſieur Filzmaurice cite avec confiance un Bref de
Clement VIII. adreſſé à l'Empereur Rodolphe II. qui a
annullé l'élection de la Prevôté de l'Egliſe de Bremen,
comme réſervée au Saint Siege par le Concordat Germanique. Voilà, dit-on, une interpretation du §. *de cæteris,*
qui leve toute difficulté.

Mais ce n'eſt point là l'eſpece du Bref de Clement VIII.
il ne s'agiſſoit point de l'exécution du §. *de cæteris,* ni de

(a) *Item placet no-
bis electiones ad Me-
tropolitanas, Cathe-
drales, Monaſteria,
dignitates majores
poſt Pontificales in
Collegiatis electivas,
per tempus & tempo-
ra à jure ſtatuta ex-
pectari, illaſque af-
firmari, approbari &
confirmari, &c.*

la réferve générale des premieres Dignités portées par la troifiéme Regle de Chancellerie, mais de la réferve pour caufe d'herefie, qui eft l'une de celles comprifes dans les Extravagantes *execrabilis* & *ad regimen*, confervées par le Concordat. Ce Bref eft de 1606. L'Eglife de Bremen étoit déja occupée par les Réformés en 1588. (*a*) & le Chapitre Métropolitain ayant confenti au mariage de Jean-Adolphe d'Holftein Gottorp, fon Archevêque, ne pouvoit élire fon Prevôt : c'eft ainfi que ce fait eft rapporté dans l'Hiftoire d'Audifret.

Le fieur Filzmaurice cite encore avec la même infidélité le Bref d'Urbain VIII. de 1624. adreffé à l'Empereur Ferdinand II. pour dépouiller le fils du Roy de Dannemarc, élû Prevôt de l'Eglife d'Halberftat par le Chapitre.

Ces termes feuls *emptis votis*, inferés dans ce Bref, démontrent affez que l'élection du fils du Roy de Dannemarc n'étoit point attaquée en vertu de la réferve générale de la troifiéme Regle de Chancellerie, mais en vertu d'une réferve particuliere, étrangere au §. *de cæteris*. Perfonne n'ignore d'ailleurs qu'il s'agiffoit de l'élection d'un Prince Proteftant ; ce qui eft le cas d'une réferve finguliere, confervée par le Concordat.

C'eft un fait conftant que le Pape a conferé pour la premiere fois dans les Provifions du fieur Filzmaurice la Prevôté de l'Eglife de Cambray en vertu du Concordat, & que les collations antérieures font faites en vertu de la troifiéme Regle de Chancellerie. Il eft démontré que la collation de cette Dignité appartient au Chapitre de droit commun, & que le Concordat n'y a point dérogé. Le titre du fieur Filzmaurice eft par conféquent contraire au Concordat.

On pourroit dire que les collations faites en vertu de

(*a*) Audifret, Hift. tom. 3. p. 456.

la troifiéme Regle de Chancellerie forment le dernier
état.

Mais 1°. Ce dernier état fe trouve détruit par le Titre
même du fieur Filzmaurice, qui porte une reconnoiffance
formelle de la part du Pape, qu'il a dû fe conformer au
Concordat Germanique.

2°. Ce dernier état fe trouvant établi fur des Titres abufifs, contraires au Titre même de la Cour de Rome, il
ne peut y avoir lieu à la prefcription. *Abufus femper clamat.* La claufe irritante du Concordat dans le §. *& ad finem*, ne laiffe aucune équivoque fur le vice & l'inutilité
de la poffeffion de la Cour de Rome ; *& durabit deinceps, nifi in futuro concilio de confenfu dictæ nationis aliter
fuerit ordinatum.*

Le dernier état d'un Benefice doit être confideré,
lorfqu'il s'agit d'un droit particulier, & qu'il n'eft point
directement contraire au titre des Parties qui l'alleguent.
Mais dans une caufe où il s'agit d'un droit public, tel que
celui qui a été introduit par le Concordat Germanique,
le dernier état fe trouvant contraire à la Loy du Concordat, qui eft le titre des Parties, ne peut être préfenté
comme un motif de décifion, & il faut neceffairement
fe déterminer par le titre même auquel le dernier état pa-
roît oppofé. C'eft-là le cas où les Docteurs foutiennent
que le dernier état ne peut être confideré, parce qu'il y a
de la mauvaife foi, & qu'il n'y a point de dernier état,
s'il n'y a point de bonne foi. (*a*)

Indépendamment de la maxime générale du Droit, qui
n'admet la prefcription qu'entre ceux qui conferent ou pré-
fentent *jure ordinario*, qui exclut toute prefcription de la
part du Pape, parce qu'il confere par un droit extraordi-
naire qui ne peut s'acquerir par la poffeffion ; le Concordat
eft

(*a*) Vid. la Glofl.
fur le cap. *confulta-
tionibus* aux Decreta-
les, *de jure patrona-
tûs.*

eſt un contrat réciproque, un acte ſignallagmatique & indi-
diviſible qui réſiſte par ſa nature perpetuellement à la Loy
de la preſcription. C'eſt ſur ces principes que Leoninus,
(*a*) premier Profeſſeur de l'Univerſité de Louvain &
Chancelier de Gueldres, décide qu'il ne peut y avoir de
preſcription contre le Concordat, & que l'Egliſe de
Cambray peut toujours reclamer cette Loy, nonobſtant
tous actes contraires de la part du Pape, & les acquieſ-
cemens qu'on auroit pu y donner. On trouve la même dé-
ciſion dans Rebuffe, *tract. de Collat.* dans le Cardinal Puteus, (*b*) dans les Inſtitutions du Droit Belgique, p. 2.
tit. 1. §. 10. de Deghe Viel, Auteur moderne d'un mérite diſtingué ; & ces principes ſont les mêmes que ceux
qu'on ſuit dans les Tribunaux concernans nos libertés &
l'autorité du Concordat François.

L'on a oppoſé au ſieur Filzmaurice la ſubreption de ſes
Proviſions, en ce qu'il y a diſſimulé qu'il étoit pourvu de
l'Archidiaconé de l'Egliſe de Cambray, & que ſes Lettres de Naturalité ne lui permettent pas de poſſeder un Benefice au-deſſus de 3000 liv. de rente. Ces moyens qu'on
n'a propoſé que par ſurabondance de Droit, n'exigent
pas un grand détail. On obſerve ſimplement, 1°. Que ſon
habilité portée par ſes Lettres ne peut recevoir d'exten-
ſion en Jugement où tout eſt de rigueur, & parce que le
ſieur de la Verdure a un droit acquis à cet égard. 2°.
Qu'on ne s'eſt relâché en France ſur le défaut d'expreſſion des Benefices, que dans le cas où le Pape eſt collateur forcé, & que le ſieur Filzmaurice ne prouve point
qu'il s'étoit démis de ſon Archidiaconé entre les mains
du Pape, lorſqu'il a obtenu les Proviſions de la Prevôté.

Il ne nous reſte que quelques réflexions bien ſimples à

H

(*a*) Conſil. 50. §.
*præter prædicta om-
nia, & §. licet itaque
Cameracenſes.*

(*b*) *Concordatis non
poteſt derogari per
Papam.* deciſ. de la
Rot. 44. n. 22.

faire fur la Confultation du 13 Septembre 1744. produite par le fieur Filzmaurice, pour écarter victorieufement l'avantage qu'il a prétendu tirer de l'Avis de deux Avocats d'une grande réputation.

L'on eft d'abord furpris de voir à la tête de cette Confultation cet aveu : *Qu'il eft conftant entre les Parties, que le Concordat Germanique eft la Loy qui eft en vigueur à Cambray, que c'eft par cette Loy que la conteftation préfente doit être décidée ;* & que cependant les Avocats confultés ne fe donnent pas la peine d'examiner les difpofitions de cette Loy, fuivant laquelle ils fe propofent de decider.

Au lieu d'entrer dans quelqu'examen du texte du Concordat & des prétentions refpectives qui furent la matiere de ce contrat, on fuppofe que le Pape s'eft réfervé le droit de conferer en tous mois les premieres Dignités après la Pontificale ; ce que l'on ne prouve que par une autre fuppofition, qui eft qu'il y a une patenthèfe dans le §. *de cæteris*, & que cette parenthèfe eft fermée après le mot *exceptis :* Et cette feconde fuppofition eft foutenue par une troifiéme, qui eft que les Auteurs les plus eftimés & les moins partiaux l'ont entendu ainfi ; enforte que jufques-là on préfente bien plutôt dans cette Confultation, une fimple relation des erreurs groffiéres du fieur Filzmaurice, qu'un avis reflechi & raifonné. En effet, l'objet & l'efprit du Concordat, & généralement tous les Auteurs de quelque réputation rejettent cette réferve. On l'a démontré dans ce Memoire.

C'eft avec auffi peu d'attention qu'on allegue l'exécution du Concordat, & la reconnoiffance de nos Rois, fondée fur l'Indult accordé à Louis XIV. pour les Eglifes de Metz, Toul & Verdun.

On auroit dû rapporter du moins quelqu'exemple de

collations de la **Cour de Rome**, des premieres Dignités après la Pontificale en tous mois, en vertu du Concordat. Toutes les Eglises d'Allemagne ne fourniſſent pas un ſeul exemple de collation de cette nature ; car l'on ne peut citer celles qui ont été faites en vertu de la troiſiéme Regle de Chancellerie, qui ſont abuſives , & qu'on ne ſçauroit regarder que comme des entrepriſes prévues & proſcrites par le Concordat même , dans le §. *& ad finem.*

A l'égard de l'exemple des Egliſes de Metz, Toul & Verdun , on a également voulu ignorer l'Indult ampliatif accordé à l'Egliſe de Metz , les termes de l'Indult accordé à Louis XIV. & l'uſage de la Cour de Rome au tems de cet Indult, qui, ſuivant le témoignage du Cardinal d'Oſſat, *(a)* regardoit ces trois Diocèſes comme un Pays d'obedience. On a démontré ci-deſſus que le ſieur Filzmaurice ne peut tirer aucun avantage de cet exemple.

(a) Lettres du Cardinal d'Oſſat, des 26 Avril & 22 Decembre 1601.

On convient dans cette Conſultation , que juſqu'au ſieur Filzmaurice les Bulles de la Prevôté de Cambray ont été accordées *dans un mauvais ſtile , & ſur le fondement d'une Regle de Chancellerie qui n'avoit point lieu dans cette Province.*

Il eſt ſingulier qu'après un tel aveu les Avocats conſultés prennent ces mêmes Bulles pour autant d'actes poſſeſſoires , qui établiſſent une poſſeſſion legitime en faveur du Pape , de conferer la Prevôté de Cambray en vertu du Concordat.

On ſuppoſe d'abord que le Pape a pu preſcrire. Les Avocats conſultés n'ont pas fait attention au titre, Loy inviolable pour toutes les Parties de leur propre aveu , qui a proſcrit par une diſpoſition expreſſe toute idée de preſcription. Mais quand même on pourroit ſuppoſer contre les termes de la Loy , que la preſcription peut avoir lieu en cette matiere, les Avocats confultés n'auroient-ils pas dû s'appercevoir qu'après avoir reconnu, 1°. Que les Regles de Chancellerie n'ont pas lieu à Cambray ; 2°. Et que toutes les Bulles accordées jufqu'à celles du fieur Filzmaurice, ont été accordées en vertu d'une Regle de Chancellerie, il y a une abfurdité palpable à regarder toutes ces Bulles, comme autant d'actes poffeffoires qui établiffent une poffeffion legitime ?

De-là ne fuit-il pas évidemment au contraire que le Pape n'a point de poffeffion, parce que, de l'aveu même des Avocats confultés, ne pouvant avoir de droit qu'en vertu du Concordat, il n'a point d'actes poffeffoires. Les Bulles fondées fur les Regles de Chancellerie font des actes abufifs, dont le vice que les Avocats confultés n'ont pu s'empêcher de reconnoître eux-mêmes, ne peut fe couvrir par le laps de tems, qu'on peut d'autant moins citer en faveur du Pape, que ces actes font contraires au titre en vertu duquelle Pape prétend avoir quelque droit.

RECAPITULATION.

Cette conteftation fe réduit enfin à quelque chofe de fort fimple : le Concordat Germanique a une autorité abfolument égale pour toutes les Eglifes régies par cette Loy, à celle de la Pragmatique & du Concordat François : c'eft de même un contrat finallagmatique entre la Cour de Rome & les Nations Germaniques, dont l'exécution fe trouve également affurée par plufieurs Ordonnances des Souverains. (a)

Cette Loi contient-elle la réferve des premieres Dignités dans les Cathédrales, & des Ptincipales dans les Collegiales après les Pontificales ? c'eft-là la queftion du Procès.

On convient que cette réferve n'eft point exprimée par

(a) *Sicut Regnum Franciæ pragmaticam habet fanctionem, cui in conferendis Beneficiis innititur, fic Imperium Romanum habet Concordata Principum : atque ea illæfa conferventur, intereft Cæfareæ Majeftatis ; rarò tamen hactenus per fummos Pontifices violata funt : & Auditores Rotæ juxta illa huc ufque feruntur judicaffe.* Heimensfeld, *Imper. Conftit. Tom. 2 pag.* 125.

aucune difposition du Concordat; mais on prétend qu'elle s'y trouve par argument : on a recours au Droit commun; on fuppofe que la collation des premieres Dignités appartenoit au Pape de droit commun , & qu'il n'a pu perdre ce droit , fans une conceffion expreffe en faveur des Ordinaires que le Concordat ne contient point. C'eft ainfi qu'on interprete le Concordat avec le fecours d'une parenthèfe qu'on fuppofe dans le §. *de cæteris ;* interpretation qui contrarie évidemment le fens & la lettre de cette Loy.

Cette abfurdité eft trop palpable pour réfifter au plus leger examen. Le Droit commun eft en faveur des Ordinaires ; c'eft une maxime inconteftable dans la difcipline de l'Eglife , & dans l'Ordre Hierarchique. On a démontré ci-deffus que cette partie du Droit commun n'avoit point encore été alterée au tems du Concordat; que la réferve *in curia*, les préventions, les graces expectatives, les mandats Apoftoliques , les réferves comprifes dans les Extravagantes *execrabilis* & *ad regimen*, & les Annates; prétentions toutes abfolument étrangeres à cette conteftation, furent la feule matiere du Concordat ; & que la troifiéme Regle de Chancellerie, qui a introduit l'ufage de cette réferve générale, doit fon origine au Pape Innocent VIII. qui vivoit vers la fin du quinziéme fiecle , par conféquent long-tems après le Concordat. Donc on n'avoit encore à la Cour de Rome aucune idée de cette réferve dans le tems du Concordat. Cette réferve générale qui feroit une exception au Droit commun , odieufe par elle-même, peut-elle être fuppofée dans le Concordat , fans une dérogation expreffe qui ne s'y trouve point ? Et eft-il permis de la préfumer dans une Loi dont le principal objet fut de reftraindre des prétentions élevées alors , bien moins defavorables & moins contraires au Droit commun?

Qu'on place où l'on voudra une parenthèſe dans le §. *de cæteris*, l'on n'y trouvera point, même avec ce ſecours artificieux, la diſpoſition dérogatoire & l'expreſſion qu'exigeoit une exception au Droit commun, ſi onéreuſe aux Ordinaires, juſqu'alors inconnue, & qui ne l'a été que fort long-tems après dans les Pays d'obedience : car on ne l'a pas même reçue dans les Pays d'*uſage*.

Peut-on lire après cela avec quelque confiance le ſuffrage de Branden & des Auteurs obſcurs qui l'ont copié? Ont-ils connu l'étendue du Droit commun? Ont-ils examiné la nature & la qualité des prétentions de la Cour de Rome qui donnerent lieu au Concordat, avec cette attention à laquelle les lumieres du bon ſens & de la raiſon ne permettent pas de ſe refuſer? Il eſt impoſſible d'admettre dans le Concordat la réſerve générale de toutes les Dignités, ſoit qu'on l'examine avec une parenthèſe, ſoit qu'on le liſe ſans parenthèſe ; & l'on ne doit que du mépris au ſuffrage de quiconque n'a lû le Concordat, comme Branden & ſes Sectateurs, que ſur le faux principe, ou plutôt ſur l'erreur abſurde que la collation des premieres Dignités appartenoit au Pape de droit commun avant le Concordat, & que la reſerve des premieres Dignités portée par la troiſiéme Regle de Chancellerie, n'ayant point été anéantie par le Concordat, ſe trouve exceptée de la reſtriction des réſerves, & confirmée par le ſilence du Concordat.

L'uſage des Egliſes de Metz, Toul & Verdun eſt étranger au Concordat. Ces trois Dioceſes n'ayant été regis par la Loy du Concordat qu'en vertu d'un Indult ampliatif, c'eſt-à-dire, à titre de privilege; ayant toujours été traités, ſuivant le témoignage du Cardinal d'Oſſat, comme Pays

d'obedience, ont été soumis à la troisiéme Regle de Chancellerie. C'est la réserve portée par cette Regle que le
Pape a cedée au Roy par son Indult, par lequel il y déroge expressément, & non au Concordat dont il n'est pas
même fait mention dans cet Indult.

Aucune Eglise d'Allemagne n'a reconnu le droit de collation du Pape des premieres Dignités : on a victorieusement écarté ci-dessus les exemples & les prétendus préjugés allegués par le sieur Filzmaurice. Toutes les Eglises
d'Allemagne conferent les premieres Dignités en vertu
du Droit commun, on l'a démontré par l'attestation d'une
foule d'Auteurs non suspects.

L'Eglise de Cambray en particulier élisoit son Prevôt
à fundatione, avant qu'elle fût regie par le Concordat ; cela
est victorieusement prouvé. Le Chapitre a exercé ce droit
jusqu'en 1659. On compte depuis 1659. en tout quatre
collations du Pape en vertu de la troisiéme Regle de Chancellerie ; celle du sieur Filzmaurice est la premiere que le
Pape ait faite en vertu du Concordat.

Il est démontré que le Concordat ne renferme point la
réserve générale des premieres Dignités portée par la troisiéme Regle de Chancellerie, Regle, comme on l'a établi
ci-dessus, introduite long-tems après le Concordat.

Ce Procès se réduit donc à la question de sçavoir, si le
Pape peut assujettir par la seule force de la possession, à la
troisiéme Regle de Chancellerie, les Eglises regies par le
Concordat. Cette question est l'une des plus importantes
qu'on puisse élever sur les prétentions de la Cour de Ro-
me, & n'interesse pas moins l'Eglise Gallicanne, que les
Eglises d'Allemagne, puisque le Concordat François & le
Concordat Germanique ont une égale autorité dans les
Eglises qui y sont soumises. En France l'exécution du

Concordat eſt aſſurée par une diſpoſition expreſſe de la Loi & par les Ordonnances de nos Rois. Le Concordat Germanique a prévu & proſcrit par le §. *& ad finem*, toute entrepriſe, tout acte contraire, & les Empereurs en ont également aſſuré l'exécution par des Ordonnances dans toutes les Egliſes d'Allemagne. *

Admettre que le Pape peut par la force de la poſſeſſion introduire l'uſage de la troiſiéme Regle de Chancellerie dans les Egliſes régies par le Concordat Germanique, ce ſeroit donc reconnoître que le Pape peut déroger aux Concordats, & qu'il peut établir l'uſage de cette réſerve générale dans l'Egliſe de France, où le Concordat François n'a pas une autorité plus abſolue, que le Concordat Germanique dans les Egliſes d'Allemagne. Il eſt évident que ce qui ſeroit décidé en faveur de cette réſerve contre l'un des deux Concordats, également incompatibles avec l'uſage de cette réſerve, militeroit contre l'autre, & formeroit un égal préjugé contre l'exécution & l'autorité des deux Concordats.

L'uſage de la troiſiéme Regle de Chancellerie étant donc inconteſtablement un abus, également manifeſte dans les Pays ſoumis aux deux Concordats, le Pape a-t-il pû acquerir aucun droit à la collation de la Prevôté de l'Egliſe de Cambray par l'uſage des quatre proviſions accordées en vertu de cette Regle? Ces quatre proviſions ſont abuſives, & l'abus ne ſe couvre point, *abuſus ſemper clamat*. Quel peut donc être après cela le ſort des proviſions du ſieur Filzmaurice, les premieres accordées en vertu du Concordat ſur le prétexte d'une réſerve, que le Concordat ne contient point? Ces proviſions ne ſont-elles pas contraires à la Loi du Concordat, & proſcrites par le §. *& ad finem?*

Nous

(*a*) Ces Ordon-
nances ſont produi-

Nous avons un Arrêt du Conseil d'Etat très-récent, qui a jugé la question *in terminis*. Il s'agissoit de décider entre le Chapitre de Lille, & des Pourvûs de Cour de Rome, si les Dignités de Doyen, de Chantre, de Tréforier & d'Ecolatre, étoient électives par le Chapitre, ou à la collation du Pape, en vertu des réserves portées par les Regles de Chancellerie.

Les Pourvûs par la Cour de Rome rapportoient un grand nombre de provisions, qui établissoient une longue possession en faveur du Pape. Le Chapitre n'opposoit à cette possession que l'ancien usage de l'Eglise de Lille & des Eglises de Flandres, où aucune réserve n'est reçûe sans un titre constitutif. Le Conseil d'Etat rendit un Arrêt le six Décembre 1727. par lequel le Chapitre fut maintenu dans le droit d'élire les Dignités.

Le Conseil jugea donc que le Pape ne pouvoit avoir acquis un droit de collation par l'usage d'une réserve contre l'ancien usage & le Droit commun, sans le secours d'un titre constitutif, portant une dérogation expresse aux Usages des Eglises de Flandres. Il est donc jugé en these que le Pape ne peut acquerir un droit de collation par l'usage d'une réserve, quelque fréquent qu'on le suppose ; que des actes de cette nature qui n'ont d'autre fondement que des Regles de Chancellerie, ne font point des titres possessoires, mais des titres abusifs, dont le nombre ne peut suffire pour faire présumer un titre légitime contre le Droit commun, qui ne souffre d'exception que celles qui font prescrites par une Loi publique. Le Conseil pourroit-il donc juger aujourd'hui que l'usage de ces mêmes réserves portées par les Regles de Chancellerie, jugé abusif dans un Pays *d'u-*

I

ſage , peut acquerir quelque droit au Pape dans un Pays régi par le Concordat Germanique , qui a prévû & proſcrit par un décret irritant toute collation contraire à ſes diſpoſitions?

Monſieur JOLY DE FLEURY, *Rapporteur.*

Meſſieurs
{ L'ABBE' DE POMPONNE,
D'AGUESSEAU,
GILBERT DE VOYSINS,
DE LA GRANDVILLE, } *Commiſſaires.*

M^e DE SERIONNE, Avocat.

De l'Imprimerie de la Veuve d'ANDRE' KNAPEN. 1747.